Crianças de Hoje

Crianças de Hoje

Crianças Cristalinas, Crianças Índigo, Crianças das Estrelas, Anjos da Terra e o fenômeno das Crianças Transicionais

Dra. Meg Blackburn Losey

Tradução: Denise de C. Rocha Delela

EDITORA PENSAMENTO
São Paulo

Título original: *The Children of Now.*

Publicado originalmente em inglês por Career Press, Inc., 3 Tice Rd., Franklin Lakes, NJ 07417 – USA.

Dados Internacionais de Catalogação na Publicação (CIP)
(Câmara Brasileira do Livro, SP, Brasil)

Losey Meg Blackburn,
Crianças de hoje : crianças cristalinas, crianças índigo, crianças das estrelas, anjos da terra e o fenômeno das crianças transicionais / Meg Blackburn Losey; tradução Denise de C. Rocha Delela – São Paulo: Pensamento, 2008.

Título original: The children of now.
ISBN 978-85-315-1538-5

1. Crianças – Aptidão psíquica 2. Intuição (Psicologia) 3. Parapsicologia I. Título.

08-03056 CDD-133.8083

Índices para catálogo sistemático:
1. Crianças : Dons psíquicos : Parapsicologia 133.8083

O primeiro número à esquerda indica a edição, ou reedição, desta obra. A primeira dezena à direita indica o ano em que esta edição, ou reedição, foi publicada.

Edição	Ano
1-2-3-4-5-6-7-8-9-10-11	08-09-10-11-12-13-14-15

Direitos de tradução para o Brasil
adquiridos com exclusividade pela
EDITORA PENSAMENTO-CULTRIX LTDA.
Rua Dr. Mário Vicente, 368 — 04270-000 — São Paulo, SP
Fone: 2066-9000 — Fax: 2066-9008
E-mail: pensamento@cultrix.com.br
http://www.pensamento-cultrix.com.br
que se reserva a propriedade literária desta tradução.

Advertência

A autora acredita ser possível definir e compreender melhor muitas das características das crianças especiais descritas neste livro por meio de suas teorias e paradigmas. No entanto, como nem todos os sintomas ou manifestações têm a mesma causa, nem a autora nem o editor aconselha o leitor a seguir *ou* rejeitar nenhum tratamento médico ou de outro tipo. Os pais e tutores dessas crianças devem buscar o maior volume possível de informações antes de tomar *qualquer* decisão que possa afetar a saúde e o bem-estar delas, e é sempre aconselhável consultar um profissional de saúde. **A autora e o editor não oferecem nenhuma garantia, explícita ou implícita, com respeito ao conteúdo desta obra.**

Dedicatória

para

Haley, Josh e Devyn, luzes do meu mundo,
e a todas as crianças que trazem magia
ao nosso presente e ao nosso futuro.

E para o meu David.

Agradecimentos

Enquanto eu preparava este livro, aconselhei e entrevistei famílias, crianças, professores, cuidadores, médicos e tantas outras pessoas que seria impossível enumerar todos aqui. Foram muitos os que me contaram as suas histórias por e-mail ou pessoalmente, deixando de lado as suas tarefas diárias para que eu pudesse ouvir o que tinham a oferecer. Tentar mencionar cada uma delas aqui seria um despropósito, pois eu fatalmente deixaria de citar alguém. É impossível traduzir em palavras a minha gratidão pela sua confiança sincera, pelas contribuições que fizeram às minhas pesquisas e pelo amor que a maioria de vocês devota às Crianças de Hoje. Eu lhes agradeço do fundo do meu coração!

Sou particularmente grata às crianças que tive oportunidade de ajudar, algumas delas chamando-me do éter e finalmente conectando-se comigo neste plano de realidade. É o meu mais ardente desejo que este livro ajude vocês a ter uma vida mais fácil, com apoio vindo de todas as direções e imenso incentivo, à medida que se tornem o nosso futuro. Vocês vão me dizer como ele será, levando as suas dádivas àqueles que podem ouvir e até aqueles que não podem. Vocês são maravilhosas e eu amo cada uma de vocês imensamente. Vocês são pedras preciosas inestimáveis no coração do meu ser. É sempre um privilégio, uma honra e um prazer trabalhar com vocês.

Agradecimentos especiais à minha pequenina, Haley, que veio a este mundo em 1999 com os olhos arregalados. Você envolveu a todos na sua luz de maneira firme, mas gentil, com as suas visões de anjos, conversas telepáticas, controle da energia e do movimento, capacidade de sentir e comparar as vibrações dos cristais e ver a verdade no coração das pessoas – mesmo quando aqueles à sua volta teimavam em não admiti-la. Foi a consciência que você criou na sua "Memaw[1]" que deu vida a este livro. Eu a amo demais.

Também sou grata à minha editora, Maggie Jessup. Maggie, eu admiro muito que você não aceite um "não" como resposta e que sempre vá em busca de um criativo "sim"! Muito obrigada pelos seus esforços constantes para que este livro se tornasse realidade.

E aos meus agentes Bill Gladstone e Ming, da Waterside Productions: muito obrigada pela confiança no meu trabalho e especialmente por publicar este livro no mercado não-alternativo, onde ele pode ajudar muitas pessoas.

A Michael Pye e à Career Press, a minha editora nos Estados Unidos: obrigada por acreditar neste livro e publicá-lo. O resultado da divulgação mundial deste livro trará conseqüências que talvez nem cheguem ao nosso conhecimento. O tempo é de fato agora!

---

1. "Vovó", no linguajar do sul dos Estados Unidos. (N.T.)

E, por fim, embora com certeza não menos importante: ao meu marido David, por reconhecer que a minha missão na vida é maior do que nós dois. Você me agradece por ajudar "toda essa gente" sempre que me aventuro por este mundo. A liberdade que a sua aceitação me dá é inestimável. Muito obrigada, meu amor.

Sumário

Prefácio
17

Introdução
21

Capítulo 1
Mudanças em evolução
33

Capítulo 2
Equívocos médicos
43

Capítulo 3
Orbes também são pessoas!
55

Capítulo 4
As Crianças Cristalinas
73

Capítulo 5
Como reconhecer as Crianças Cristalinas
97

Capítulo 6
As Crianças das Estrelas
101

Capítulo 7
Como reconhecer as Crianças das Estrelas
119

Capítulo 8
Aspectos paralelos:
Crianças da Terra e Crianças das Estrelas
123

Capítulo 9
As nossas Belas Silenciosas
133

Capítulo 10
As Crianças Transicionais
155

Capítulo 11
Anjos na Terra
169

Capítulo 12
Como podemos ajudar?
179

Capítulo 13
Soluções na escola
201

Capítulo 14
O que vem a seguir?
215

Apêndice
Mais informações sobre as Crianças de Hoje
219

Prefácio

Caros amigos,

Enquanto estiverem lendo este livro tão surpreendente e inspirador, façam a si mesmos a seguinte pergunta: "Como posso abençoar, reverenciar e apoiar as Novas Crianças na missão de vida que receberam de Deus?"

Essa é a pergunta constante, à medida que nós, como sociedade, estamos despertando para o número cada vez maior de crianças que precisam de orientação espiritual. Este livro ajudará cada um de vocês, de maneiras sutis e delicadas, a honrar e orientar gentilmente essas Novas Crianças.

Quem iria imaginar que precisamos de orientação se aparentamos tanta certeza, um conhecimento interior tão profundo das nossas aventuras cósmicas? Embora as minhas aventuras cósmicas tenham me levado a todos os lugares, desde caminhar ao lado de Jesus até Atlântida, aqui estou eu "onisciente" e inocente ao mesmo tempo.

Vejam. Nós, as Crianças Cristalinas e das Estrelas, podemos parecer absolutamente capazes, no entanto precisamos da capacidade do mundo de ouvir profundamente para que possamos cumprir o nosso propósito e provocar mudanças.

Como descobri por experiência própria, quando percebo que fui realmente ouvido, sinto um relaxamento em todas as células do meu corpo. Esse relaxamento é o que há de mais maravilhoso para causar mudanças. Eu aprendi por experiência própria, vivendo como uma criança do universo, mas num corpo incomparável e dotado da sua própria mente, que me sinto mais amparado pelo relaxamento oriundo da certeza de que fui ouvido de verdade.

Portanto, vamos aplaudir o nosso Deus Todo-Poderoso pela nossa inocência surpreendente e dons impressionantes, pois assim o mundo notará a presença de cada um de nós. À medida que o mundo presta atenção em grande escala, este livro se torna um instrumento valioso para deixar as Crianças Cristalinas mais à vontade. A dra. Meg Blackburn Losey tem estilo, eloqüência e uma capacidade inspiradora para transmitir esta mensagem de longo alcance a todos os que podem ser ajudados.

Nas páginas deste livro, a dra. Meg oferece conselhos perspicazes, sensatos e reconfortantes sobre temas controversos como a escola, a alimentação e o ambiente que podem nos nutrir e apoiar. Eles não deixarão que vocês despreguem o olho destas páginas, enquanto aprendem a apoiar essas criaturas nobres e centradas, embora vulneráveis. Ao mesmo tempo em que aprendem a apoiar melhor as novas crianças, vocês estarão despertando para a sua própria jornada pessoal.

Vocês não vêem que não estamos aqui em benefício próprio, mas por um propósito universal? Esse despertar é necessário, pois precisamos de um número significativo de pessoas com uma vibração pura de amor para irradiar pela Terra para a salvação do planeta. Nós, as Novas Crianças, estamos aqui para ajudá-los nesse movimento.

Por fim, com este livro vocês também vão descobrir que a força unificadora de toda matéria é o amor. O Amor é a voz das Novas Crianças. Procurem ouvir todas as suas mensagens e nós estaremos a caminho de abençoá-las, respeitá-las e apoiá-las na missão que Deus lhes concedeu nesta vida.

Arauto da Luz e do Amor,
Nicholas M. Tschense, 9 anos.

Introdução

Eu me lembro de como era estar em casa. Era muito diferente daqui. Tudo era bonito. Eu amava todo mundo e todo mundo me amava do mesmo jeito. Por que não é assim aqui também?

– Andrew, 4 anos

Quem são as Crianças de Hoje? São uma nova geração de crianças – inegavelmente mais evoluídas do que as gerações passadas –, que veio a este mundo com dons muito especiais. Muitas delas se lembram de onde estavam antes de vir para a Terra, com freqüência se lembram até das suas vidas passadas. As Crianças de Hoje podem ser divididas em várias categorias diferentes, e as minhas pesquisas mostraram que existem atributos coincidentes que tornam quase impossível classificar esses seres maravilhosos em departamentos estanques.

Nem todas essas crianças são Índigos! As Crianças Índigo são as que vieram romper paradigmas, são as que sabem inerentemente que existe alguma coisa errada com este mundo e que as regras da sociedade nem sempre levam em conta circunstâncias particulares ou os indivíduos em uma dada situação. Conscientizando, os Índigos abriram portas para reconhecermos e nutrirmos sucessivas gerações. Já existem muitas informações disponíveis sobre os maravilhosos Índigos, na forma de livros, artigos, websites e filmes.

Este livro focaliza as crianças que são, em geral, mais jovens e muito mais evoluídas do que as Crianças Índigo. Elas são as Crianças Cristalinas, as Crianças das Estrelas, os Anjos da Terra e as Crianças Transicionais – que estão numa zona intermediária. Cada um desses grupos demonstra talentos extraordinários, embora sejam todos diferentes em seus atributos. As Crianças Transicionais não se encaixam muito bem em nenhuma dessas categorias, embora sejam tão especiais e fascinantes quanto as outras.

Não existe muito material sobre essas crianças tão diferentes e notáveis, exceto o que é difundido boca a boca. Isso acontece pela mesma razão por que muitos temas metafísicos não são aceitos pelo público em geral. Fenômenos puramente energéticos são difíceis de documentar e provar cientificamente. A nossa tecnologia ainda não é capaz de medir campos sutis de energia ou os campos energéticos biofísicos de altíssima freqüência dessas Novas Crianças. Todos sabemos que, da perspectiva da medicina ou da ciência, se algo não pode ser quantificado isso significa que não deve existir, certo? Errado!

O objeto de estudo da metafísica é justamente aquilo que a ciência ainda não é capaz de mensurar. No que diz respeito às crianças, existem coincidências demais para que possamos ignorar. Existem tantas famílias, profissionais de saúde, professores e crianças, aparentemente sem nenhuma relação umas com as outras, passando por tantas experiências parecidas ao redor do globo que não podemos mais ignorar esse assunto.

Este livro é sobre o que não podemos mensurar ainda, mas acontece todos os dias no nosso mundo.

Existem realidades maiores que vão muito além da percepção da maioria das pessoas. Existem dimensões infinitas dentro de toda a criação e essas dimensões fazem parte do constructo do Uno – ou de Deus, do Espírito ou do Criador –, e em cada uma dessas realidades existem infinitas possibilidades. Para a maioria de nós, a idéia de outros reinos, pelo menos de um que seja a morada de Deus, é muito real. Eu sempre me espanto com o fato de que o povo em geral acredita facilmente num ser supremo ou num criador de todas as coisas, mas não crê na idéia de que seja uma parte integral e vital desse reino. Não conseguimos acreditar que existam realmente mundos além deste aqui, e que eles nos afetem durante toda a nossa vida. Na verdade, para muitas pessoas, a idéia de que existem realidades além da terceira dimensão é assustadora. A minha intenção neste livro é expandir um pouco mais a percepção de realidade do leitor e descrever realidades que estão muito além do que vemos, sentimos, ouvimos, tocamos ou cheiramos – realidades que têm tudo a ver conosco em níveis infinitos. É a partir dessas realidades alternativas que as Crianças de Hoje nos trazem o que nós, seres humanos, buscamos ao longo de toda a nossa existência – o nosso eu divino.

Somos criados, camada após camada, por energia sutil, e essa energia se comunica com todos os outros níveis de realidade – interiormente, exteriormente e infinitamente. Os tipos de campo energético que são descritos neste livro não são meras suposições. O meu dom extra-sensorial leva-me a múltiplas dimensões e além, onde eu posso ver, tocar, provar, cheirar e ouvir essas camadas.

A nossa fisicalidade é só uma pequena parte da vasta realidade, e a maior parte dela não podemos acessar com os nossos cinco sentidos físicos e nem mesmo com a nossa intuição (ou "sexto sentido"). Quando visitamos outras realidades, usamos o nosso sétimo sentido, ou percepção multidimensional. Dentro desse sétimo sentido existem três níveis básicos de percepção: a *iniciação*, em que tomamos consciência de outras realidades; a *comunhão*, em que começamos a interagir conscientemente com outros seres que estão além da nossa realidade; e a *ascensão*, em que podemos nos religar intencionalmente com a fonte, o Uno.

O nosso sistema energético consiste em muito mais do que chakras (centros energéticos do nosso corpo). Também temos muitas, na verdade infinitas, camadas de energia dentro e em volta de nós. Os nossos campos energéticos mudam à medida que vivemos, pois eles se comunicam continuamente com toda a criação, ao mesmo tempo em que a criação se comunica conosco. São os nossos campos energéticos que determinam as nossas experiências emocionais, espirituais, mentais, físicas e até intuitivas. Em qualquer dado momento, nós nunca somos iguais ao que éramos um minuto antes, pois os nossos campos energéticos mudam de acordo com as nossas experiências. Por causa disso, nós somos únicos. Somos o auge das nossas experiências desde o princípio. Somos tudo o que já vivemos.

Também fomos criados a partir de um conjunto de freqüências harmônicas. Do ponto de vista energético, fomos criados de modo muito semelhante a um gigantesco e intrincado acorde musical, sendo cada plano da realidade uma nota desse acorde. As nossas freqüências harmônicas são o que impõe a nossa presença na realidade tridimensional. Elas também direcionam as nossas experiências na Terra, as nossas jornadas kármicas (que são as lições que procuramos aprender) e as escolhas que fazemos. O nosso sistema energético evolui continuamente em resposta à nossa vida, ao nosso ambiente, ao nosso mundo – na verdade, à toda a criação.

As Crianças Índigo têm esse nome porque é a cor azul índigo que prevalece em seus campos energéticos. Os pequeninos deste livro, no entanto, têm campos energéticos muito mais evoluídos do que os das Crianças Índigo e das gerações passadas. As Crianças de Hoje vivem em espectros vibrantes de energia sutil que deslizam e espiralam, proporcionando a essas crianças tão especiais percepção, talento e sensibilidade (ou "sabedoria") ilimitados e muito além do que é considerado "normal". As Crianças de Hoje são surpreendentes não só por causa das suas idéias e talentos, mas às vezes até mesmo por causa das suas deficiências. Como seres humanos, aprendemos com os nossos antecessores que o "diferente" nos deixa pouco à vontade e por isso deve ser evitado. Ensinaram-nos que só podemos ficar à vontade quando todo mundo se encaixa nos moldes tradicionais e tem uma aparência e atitudes como as de todo mundo. Os tempos são outros. As Crianças de Hoje são um salto emocionante na evolução humana.

No entanto, são inúmeras as Crianças de Hoje que continuam sendo ignoradas. Embora a tendência da nossa sociedade seja classificar e categorizar, ainda não temos parâmetros para avaliar essas crianças. É por isso que elas não se encaixam em categorias restritas e obsoletas. Atualmente, essas crianças não estão sendo estimuladas e nutridas da maneira que os seus talentos únicos precisam. Por causa disso, elas têm problemas em todos os aspectos da vida. Muitas dessas criaturinhas especiais sofrem um tipo diferente de negligência, causado simplesmente pela ignorância dos pais e de outros responsáveis no que se refere à verdadeira natureza e causa das diferenças que apresentam. Isso não é intencional. Muitas vezes, essas crianças se parecem com todas as outras, embora interiormente sejam muito diferentes. Elas sabem coisas que a maioria das pessoas nem imagina (embora possa sentir no fundo do seu ser). Como seres humanos, muitas vezes temos medo do que não compreendemos. Para muitas pessoas, as crenças religiosas, os registros históricos, as normas sociais e outras coisas indicam que qualquer coisa ou pessoa que seja diferente deve ser ignorada, controlada ou ocultada. Quando se trata das Crianças de Hoje, estamos prestando um desserviço a nós mesmos e ao mundo não as reconhecendo!

Nas gerações passadas, quando chegava o dia do nosso nascimento, esquecíamos rapidamente a nossa origem. Esquecíamos os nossos talentos, a nossa Fonte e a nossa perfeição. As Crianças de Hoje não apenas se lembram de muito do que nos esquecemos, mas incorporam isso. Não é a minha intenção dividir essas crianças em categorias, mas sim estudar o fenômeno que representam e contar as suas histórias. Faço isso porque esse fenômeno oferece a possibilidade de haver mudanças positivas no nosso mundo. Eu peço ao leitor que não considere com muito rigor os grupos por idade apresentados aqui, embora existam muitas situações e energias transicionais coincidentes que propiciam aspectos comuns. Não existem neste mundo duas crianças exatamente iguais, mas existem traços comuns. Os talentos que apresentam também variam de criança para criança.

Para muitas pessoas, as informações contidas neste livro podem ser novidade. Várias destas histórias descreverão facetas da realidade que podem questionar ou desprezar toda lógica. Algumas delas podem parecer bem estranhas, mas são muito reais. Eu apresento vários exemplos em cada seção – alguns deles extremos, outros nem tanto. Isso é intencional, pois, como energia e consciência, todos nós temos traços idênticos, mas também carregamos muitos outros que são apenas nossos.

Algumas das histórias deste livro com certeza desafiarão a sua capacidade de acreditar, e outras ampliarão a sua percepção da realidade. Na minha humilde opinião, isso é muito bom! Eu também não acreditava nas idéias e acontecimentos descritos nestas páginas até que pude não apenas me deparar com eles, mas vivê-los. Às vezes, a nossa lição de vida consiste em abrir mão das nossas crenças e olhar a verdade pelo que ela é, não pelo que queremos que seja.

Sempre que a "área de segurança" da nossa realidade cotidiana é ameaçada, sentimo-nos inclinados a impor resistência e fechar a nossa mente, pois o desconhecido nos apavora. Eu sugiro que você leia este livro com a mente e o coração abertos, e com a intenção de ampliar a sua percepção pessoal. Não podemos crescer sem desafios que nos impulsionem rumo a uma sabedoria e um conhecimento maiores. Mais uma vez é importante lembrar que nem todas as crianças apresentam os traços de que tratamos neste livro; assim como acontece na evolução biológica, prevalece na humanidade um avanço heterogêneo e desnivelado até que novos traços se tornem espontaneamente a norma entre a população.

Na minha opinião, muitos rótulos são atribuídos inadequadamente tanto a adultos quanto a crianças, na tentativa de definir e então compreender diferentes tipos de comportamento. Muitos desses rótulos não são apenas incorretos, mas também podem acabar causando prejuízos a longo prazo. Atualmente, incontáveis crianças recebem o diagnóstico médico de transtorno do déficit de atenção ou de transtorno do déficit de atenção com hiperatividade. Esses rótulos se tornaram diagnósticos atribuídos a todos que não se encaixam na norma. Pior, esses diagnósticos vêm acompanhados de medicamentos que entorpecem os sentidos da criança e criam um confortável *status quo* para todas as outras pessoas.

Em certo sentido, as realidades extremamente diferentes que essas crianças trazem a este mundo só parecem ameaçadoras porque não temos nenhuma experiência para nos servir de base. Eu diria que "normal" é um tipo de percepção e que essa percepção faz parte da nossa ilusão diária. Para sair dessa ilusão, as nossas percepções têm de mudar! Eu não tenho a intenção de criar mais rótulos; o meu objetivo é explicar um fenômeno muito real. Em vez de atribuir rótulos a tudo, vamos aceitar as diferenças e dons ilimitados que as Crianças de Hoje trazem para o nosso mundo na forma de conhecimento, sabedoria e cura – e até mesmo do que lembram e que está muito além da nossa realidade cotidiana.

Este trabalho é um compêndio de uma pesquisa em andamento. Eu sou escritora e intuitiva da área médica, com prática de cura internacional. Viajo pelo mundo todo, fazendo palestras, apresentando *workshops* e atuando como facilitadora de sessões de cura. Durante o exercício da minha profissão, encontrei muitas crianças incrivelmente talentosas e, no entanto, não só ignoradas como desprezadas – pelos pais, professores e outros profissionais incapazes de reconhecer a importância das diferenças dessas crianças. Por causa disso, muitas delas ficaram doentes ou assumiram comportamentos inaceitáveis. Outras demonstram um avanço intelectual, espiritual e emocional tão notável que sofrem com a sensação de que não pertencem a este mundo. Elas nasceram com um quadro de referência que a maioria das pessoas não conhece, e por causa disso muitas não são ouvidas, reconhecidas ou respeitadas.

Eu presenciei e facilitei sessões de cura com algumas das crianças mais surpreendentes que você pode imaginar. Em todas essas ocasiões elas me apresentaram realidades novas e inusitadas. Elas falam sobre assuntos que até pouco tempo atrás pareciam saídos de um livro de ficção científica. Na verdade, as interações que tive com essas crianças levaram-me a domínios que estão muito além da minha imaginação. Posso garantir que a minha imaginação não é suficientemente fértil para produzir as histórias que vou contar a você! Já se repetiu muitas vezes que as expectativas criam a realidade. Temos a tendência de ver as Crianças de Hoje com base em antigos paradigmas que não se aplicam mais. A minha intenção é conter essa tendência, transmitindo informações esclarecedoras sobre as Crianças de Hoje, de modo que elas não só sejam notadas, mas também estimuladas, respeitadas e valorizadas.

A minha primeira percepção consciente de uma Criança Cristalina aconteceu quando a minha neta nasceu, em 1999. Ela veio a este mundo com uma consciência elevada e, imediatamente depois do nascimento, observou em silêncio tudo ao seu redor. Mais tarde, quando se aninhou no meu colo, a consciência dela tentou sair do corpo enquanto ela lutava contra as limitações do seu novo corpo físico. Eu podia ver a força que fazia para sair do corpo. A concentração nos seus pequeninos olhos azuis era intensa e, no entanto, ali continuava ela, presa ao seu corpinho minúsculo. Eu me lembro de ter dado risada e perguntado a ela se estava tentando fugir. Mal sabia eu que ela provavelmente estava acostumada a projetar a consciência sempre que tinha vontade e que estava tentando levar o seu corpinho com ela! Isso foi só o começo. Eu sabia que a minha neta não era a única a ter esse talento; havia outras crianças como ela. Essa constatação me levou além da curiosidade, rumo a domínios da realidade ainda não mapeados.

Cada criança, cada situação é diferente. As informações compiladas neste livro se baseiam em experiências de primeira mão adquiridas em sessões de cura, entrevistas pessoais e websites, assim como em conversas com profissionais que não só reconhecem essas crianças como trabalham com elas diariamente. Não existem muitos livros que descrevam os reinos que você descobrirá nestas páginas. Quando achei necessário, mencionei essas referências. Existem ótimos sites que oferecem informações sobre as Crianças de Hoje e eu os relacionei no final deste livro para que você possa se aprofundar no assunto. Esses sites não são recomendações minhas, apenas outras fontes que parecem oferecer informações úteis e atuais sobre as crianças.

O meu mais profundo desejo é que este livro sirva para conscientizar pais, professores, cuidadores[2], educadores e até hospitais, e lhes propicie o apoio de que precisam. Mas, acima de tudo, este livro é dedicado às Crianças de Hoje, que não estão recebendo os cuidados de que precisam. Muitas delas estão sofrendo desnecessariamente só porque as suas necessidades não são reconhecidas. Algumas famílias chegam a ter medo dos talentos que elas demonstram. Esse medo acarreta outra série de problemas à medida que essas crianças crescem e atingem a maturidade. Quando temos a sensação de que somos diferentes, é bom saber que não estamos sozinhos.

Com o propósito de não explorar as famílias e as suas crianças ou romper o pacto de confiança que existe entre conselheiro e aconselhado, usei pseudônimos no lugar do nome da maioria das crianças – com exceção de Nicholas, que escreveu o nosso belo prefácio, e de Lorrin, John Everett, Peter e Christina, dos quais falarei mais adiante. Evidentemente, nem todas as crianças bem dotadas lembram as descritas neste livro, mas você se surpreenderá ao descobrir quantas se assemelham!

O meu desejo é que todos que lerem este livro guardem consigo uma informação, uma ponta de curiosidade ou uma opinião diferente que possa um dia ajudar uma criança que de outro modo não seria reconhecida.

No começo de cada capítulo, e em alguns outros lugares, incluí frases de algumas dessas crianças com as quais tive contato. A simplicidade de suas mensagens muitas vezes causou-me indescritível emoção. Em muitos casos, é como se Deus, a Fonte e o Espírito estivessem falando por intermédio dessas crianças. Elas se lembram.

---

2. Em inglês, *caregiver*, pessoa que cuida de quem necessita de supervisão ou assistência, por doença ou incapacidade. Embora inclua equipe médica, de enfermagem e de profissionais de saúde, o conceito também se refere a pais, cônjuges ou outros membros da família, amigos, clérigos, professores, assistentes sociais, outros pacientes, etc. (N.T.)

Quando as Crianças de Hoje recebem apoio e os seus dons são estimulados, elas continuam a se lembrar e a expressar os seus talentos e observações espantosas durante toda a infância. Lamentavelmente, sei por experiência própria que as surpreendentes opiniões e talentos de um grande número delas não são levados em conta. As crianças são espontâneas com relação ao que vêem e vivenciam, mas como os seus dons não são estimulados, elas logo começam a esquecer o que sabiam quando chegaram à Terra. Com o tempo, deixam de usar os seus talentos. Uma garotinha loira de olhos azuis, por exemplo, que eu conheço praticamente desde o nascimento, costumava encantar e surpreender a todos desde que aprendeu a falar (em tenra idade). Quando escrevi este livro, ela tinha 4 anos. Vou chamá-la de "Sky". Desde que era bebê, as pessoas se aglomeravam em torno dela aonde quer que fosse. Com a sua personalidade marcante, ela é um ímã para a humanidade. Até recentemente, quando as pessoas se juntavam para ouvi-la, ela discorria sobre a vida, a verdade e outros assuntos extrafísicos. Ela demonstra uma sabedoria que está muito além da sua idade. Também demonstra uma gentileza e uma coordenação motora muito maior do que a maioria das crianças da idade dela. Sky com o tempo foi se tornando uma criança tímida diante das pessoas e praticamente deixou de expressar as suas opiniões profundas em público. Ela não exibe mais o mesmo eu efervescente. Quando lhe perguntaram por que resolveu guardar silêncio, a sua resposta foi: "Quando falo, as pessoas riem de mim e isso me magoa. Não quero que riam de mim, então desisti de conversar com elas". Os pais de Sky demonstram um grande respeito pelos talentos da filha e chegam a estimulá-los, mas as pessoas em geral a tratam como um espetáculo e uma novidade, e por isso ela parou de se comunicar. Que grande perda para todos nós! Lamentavelmente, situações como essa não são exceções. Se não recebem apoio, pareceres favoráveis e estímulo, aos 5 ou 6 anos de idade essas crianças constroem muros energéticos de proteção em torno delas, que bloqueiam o fluxo de informação. Logo, a maioria dos sinais de uma percepção mais aguçada enfraquece, as portas para uma consciência maior se fecham e tudo é esquecido. As crianças são muito sensíveis à idéia de que são "diferentes". Que triste constatação para nós, pessoas supostamente "esclarecidas" e "civilizadas"! A possibilidade de criar um mundo mais positivo nos está sendo oferecida por meio das nossas futuras gerações, e nós não estamos sabendo reconhecer isso. As Crianças de Hoje nos trazem a chave para os segredos desta vida e do que existe além, e nós bloqueamos a porta. *O que temos na cabeça?*

As gerações passadas aprenderam que as crianças devem ser admiradas, não ouvidas. Agora, mais do que nunca, são as crianças que devemos ouvir. Na trajetória da nossa evolução como seres humanos, as Crianças de Hoje são uma ponte para uma consciência mais elevada e, sim, até para o futuro do planeta. Como podemos reconhecê-las? Ouviremos o que elas têm a dizer? Será que conseguimos dar esse salto, sabendo que essas crianças podem nos levar muito além dos nossos conceitos atuais de realidade, rumo a novos domínios empolgantes de percepção e possibilidades? Cabe a nós, como seus mentores, cuidadores e familiares, reparar nessas crianças e fazer alguma coisa em defesa delas. Temos de deixar para trás antigos paradigmas e abrir o coração, a mente e a alma para as possibilidades que as Crianças de Hoje querem compartilhar conosco.

Temos diante de nós uma oportunidade como nenhuma outra vista ou vivenciada na história da humanidade. Na minha opinião, a consciência corresponde a 80% da solução de qualquer situação. Para ter essa consciência, temos de primeiro aceitar a possibilidade de que existam outras realidades além da que conhecemos e aceitamos correntemente. Esse fenômeno ultrapassa as fronteiras de raça e religião, e, na verdade, todos os sistemas de crença mensuráveis e regras sociais. Como Nicholas tão eloqüentemente afirmou no Prefácio, temos de ouvir profundamente essas crianças. Além disso, precisamos estar dispostos a nos abrir para as mensagens que elas possam nos transmitir.

Quando olhamos o mundo à nossa volta com disposição para ver, começamos a perceber que tanto a humanidade quanto o planeta em que vivemos estão seguindo uma trajetória rumo à destruição. Esquecemo-nos das maravilhas da existência além da vida diária. Esquecemo-nos de notar a perfeição de cada momento da nossa vida. Buscamos fora de nós mesmos o conforto e o ganho, e muitas vezes esperamos que outra pessoa se responsabilize por nos dar o que precisamos. Em geral, somos pessoas que sentem um grande vazio dentro de si, e lutamos todos os dias para preenchê-lo. O que esquecemos é que já estamos preenchidos. Não existe nada de que precisemos què não exista dentro de nós. As crianças se recordam disso e vieram nos lembrar de que somos muito maiores do que costumamos ser na ilusão diária chamada "realidade".

As Crianças de Hoje trazem para o nosso mundo possibilidades de uma notável mudança evolucionária. Elas têm uma missão e um propósito grandioso, e precisam da nossa ajuda. Os seus talentos nos trazem esclarecimento, e a sua sabedoria nos oferece lembranças de tempos e mundos esquecidos. As Crianças de Hoje não apenas cumprem a missão de nos ensinar sobre uma realidade maior, com a sua inocência e visão clara da verdade; elas também são o futuro do nosso planeta. Na verdade, se prestarmos atenção nelas, podemos mudar os rumos do futuro da humanidade, que se desviará do caminho destrutivo em que estamos hoje e seguirá para uma realidade muito mais positiva e edificante – uma realidade voltada para todo o planeta e que oferecerá benefícios muito maiores para todos.

As estrelas brilhantes que você descobrirá nestas páginas são, em muitos sentidos, miraculosas. Elas desafiam todas as fronteiras psicológicas e comportamentais, rompem normas sociais e crenças religiosas. São pontes que ligam a humanidade à Fonte e trazem importantes mensagens a todos nós. As Crianças de Hoje são o espírito da perfeição – guardiãs da luz, repletas da verdade e inocência arrebatadoras que a humanidade um dia teve e pode voltar a ter. Essas crianças estão aqui e vivem no agora – e há muitas mais a caminho! Você está pronto para prestar atenção nelas?

Mudanças *em* Evolução

Capítulo 1

Criar uma nova realidade neste mundo é
tão simples quanto vivê-la.
(mensagem telepática de uma dessas crianças)

Por que há tantas crianças com dons especiais nascendo atualmente? Por que elas são "diferentes" das outras pessoas? *Em que* elas são diferentes?

A humanidade está passando por uma evolução circular. Como descrevi com mais detalhes no meu livro *Pyramids of Light: Awakening to Multi-Dimensional Realities*, o nosso campo de energia eletromagnética e a nossa estrutura genética evoluem continuamente rumo ao seu estado original, que era luz – a mesma luz que compõe a nossa Fonte, o nosso Deus e o nosso Criador. Cada um de nós carrega dentro de si certa medida dessa luz, que contêm lembranças de todos os tempos. É a memória dessa luz que existe dentro do nosso próprio ser que impulsiona a nossa evolução de volta às nossas origens.

Numa época anterior à nossa medição do tempo, durante a nossa evolução como seres humanos, tornamo-nos cada vez mais densos, até chegarmos à nossa presente forma. Durante esse processo, tivemos de desenvolver uma mente racional para conseguir sobreviver como entidades biológicas. Quando migramos em busca do nosso sustento e por causa das mudanças climáticas, tivemos de aprender a nos comunicar uns com os outros. Com essa comunicação, desenvolveram-se a arte e a sutileza das palavras e, posteriormente, do nosso ego. Até hoje é o nosso ego que nos diz se estamos seguros ou não, com base em nossas experiências anteriores. Ele muitas vezes mente para nós, porque não avalia as circunstâncias presentes à luz da verdade do momento, mas só com base no que vivemos no passado. Por causa disso, às vezes o nosso cérebro lógico preenche as lacunas de modo que as coisas pareçam fazer sentido – o que muitas vezes nos mete em confusão! Como pêndulos oscilantes, já ultrapassamos o nosso estado mais básico de desenvolvimento e estamos agora mais próximos de uma existência mais elevada. Como tudo o que existe dentro de nós busca a sua Fonte, mudanças acontecem em nosso mundo interior.

Novas relações do DNA

Todos os seres humanos têm um DNA cujos filamentos se assemelham a uma escada em espiral (ver Figura 1). Cada filamento se compõe de segmentos de proteína que se comunicam entre si. Há milênios, esses filamentos de proteína se comunicam por meio de um inter-relacionamento linear entre segmentos que se parece muito com uma reação em cadeia. Um segmento de proteína se comunica com outro e assim sucessivamente, formando uma cadeia.

Quando ocorre uma mudança no nosso corpo, o ácido ribonucléico (RNA) transporta informações genéticas entre o DNA e outras

Figura 1. Trecho de um filamento do DNA

moléculas (ver Figura 2). O RNA reconhece eventos dentro do nosso corpo que o DNA precisa saber e transporta mensagens sobre esses eventos através do corpo, até o DNA, que responde da maneira mais apropriada.

Além da comunicação com os segmentos de proteína, o nosso DNA tem, em volta e entre os seus filamentos, um campo de energia eletromagnética que funciona como um aparelho de rádio de cristal líqüido. Esse campo opera com base num conjunto de freqüências muito parecidas com as freqüências de uma estação de rádio. O campo de energia eletromagnética que envolve e preenche o DNA transmite e recebe informações, comunicando ao nosso corpo e ao nosso campo de energia sutil quais mudanças são necessárias. Quando temos um sentimento, uma sensação física, uma emoção – na verdade, qualquer tipo de experiência –, todo o nosso organismo reage e se modifica, à medida que o nosso sistema eletromagnético e o RNA transportam para o DNA informações sobre essa experiência. As mensagens são transportadas através dos nossos sistemas de energia sutil, que se comunicam infinitamente. Em outras palavras, *o nosso DNA está em contato com toda a criação.*

À medida que nos comunicamos com o universo, novas realidades são criadas. O nosso corpo, assim como as nossas experiências de vida, modifica-se em resposta a essas novas realidades. Se o nosso sistema precisa passar por uma adaptação para se aclimatar a essas novas circunstâncias, o DNA não só estimula essas mudanças, como também as supervisiona. Assim como acontece com o nosso cérebro (do qual só usamos cerca de 5% a 7%), utilizamo-nos de pouquíssimas informações contidas no nosso DNA, pois nos esquecemos de como acessá-las – pelo menos foi assim até agora. Recentemente, alguns de nós começaram a se lembrar!

Nos últimos anos, o nosso RNA começou a identificar, no interior do nosso corpo e em volta dele, informações elétricas e eletromagnéticas que antes não era capaz de reconhecer e transmitir. Isto é, as estações de rádio mudaram as suas freqüências para atingir um campo de recepção mais amplo. Isso mudou a interação entre os segmentos de DNA e o nosso corpo e, portanto, o nosso relacionamento com toda a criação.

Esses novos padrões desenvolvidos permitiram que o DNA se comunicasse de modo diferente. As Crianças de Hoje são exemplos vivos dessa revolução genética. Em vez de se comunicar de modo linear, as cargas elétricas que fazem parte do mecanismo de comunicação por meio dos filamentos de DNA começaram a formar um arco de um segmento de proteína para o outro. Quando isso ocorre, as cargas muitas vezes saltam de um segmento para outro ou para mais segmentos *do filamento oposto*. Esse é um desenvolvimento novo e surpreendente.

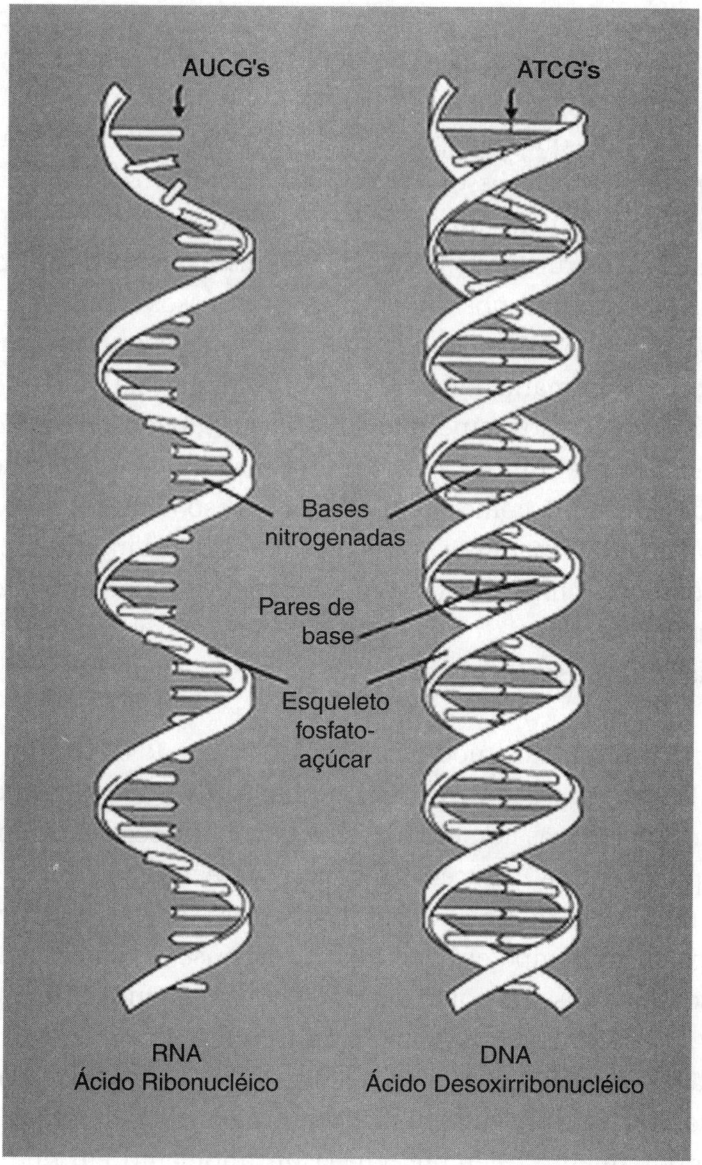

Figura 2. Relacionamentos do RNA e do DNA

À medida que o nosso DNA muda, nós evoluímos. Os novos padrões de relacionamento elétrico dentro do DNA criam *entre* os filamentos um entrelaçamento energético – uma teia de energia eletromagnética – que está, por falta de palavras melhores, refazendo a nossa "rede elétrica". Esses novos relacionamentos genéticos criam uma matriz energética, um novo campo de energia, entre os degraus das escadas da estrutura do DNA. Quando esses campos começam a se harmonizar e unificar, nós mudamos – e os nossos filhos também.

Essa mutação é um grande salto na nossa evolução como seres conscientes. A humanidade começou a despertar para outras realidades e até para estados superiores de percepção consciente. Começamos a nos lembrar de que existe muito mais do que já conhecemos. Inúmeras pessoas já começaram a recordar espontaneamente de suas vidas passadas e tornaram-se seres com consciência multidimensional. Alguns descobriram que não há limite para o que podemos fazer com a consciência pura.

Quanto mais seres humanos "despertarem", mais nós nos lembraremos.

À medida que nos modificamos, o DNA e o RNA continuam a se ajustar. Enquanto esse processo continua, o DNA de um número cada vez maior de pessoas começa a passar por mutações e a evoluir ainda mais rapidamente. O processo é constante. À medida que o DNA se transforma dentro de uma, duas, três pessoas, depois de outras mais, aproxima-se um tempo em que existe um consenso da natureza. Muitas pessoas dão a isso o nome de massa crítica – o momento no tempo em que uma tendência evolucionária torna-se a norma. (A título de ilustração, você pode se reportar à teoria do centésimo macaco, segundo a qual, quando um número cada vez maior de indivíduos aprende um comportamento diferente, chega um momento em que a massa crítica é atingida e toda a população assume espontaneamente esse comportamento como norma.)

Temos uma massa crítica na consciência também. À medida que evoluímos fisicamente, a funcionalidade da consciência dentro de nós também cresce. Do ponto de vista da evolução, isso é estrondoso. Não só os nossos filhos exibem aspectos de consciência mais elevada, como começamos a ver, até em adultos, níveis de percepção consciente dos quais não se ouvia falar alguns anos antes. Por causa disso, as crianças que estão vindo para este mundo como a progênie da nossa nova evolução, estão chegando com padrões de comunicação genética novos e muito mais avançados.

Os novos padrões do nosso DNA são muito semelhantes à Internet, com a exceção de que têm um alcance e capacidade ilimitados. Eles são infinitos, assim como o nosso potencial. A nossa consciência começou a funcionar com mais facilidade e plenitude em conjunção com o nosso DNA. À medida que uma comunicação universal mais plena torna-se possível, a nossa consciência se torna cada vez mais perceptiva.

As nossas crianças ouvem não só com a mente, mas com o corpo todo. Além disso, os seus campos energéticos estão sintonizados com um campo de transmissão e recepção muito mais amplo. As Crianças de Hoje estão se comunicando neste mundo com todas as partículas do seu ser e o mundo está respondendo. Mas será que estamos realmente ouvindo essas crianças?

Percepção consciente, DNA e Energia

A consciência não é a mente. A mente é apenas um constructo lógico – um instrumento que desenvolvemos para nos ajudar a sobreviver como seres humanos. Por ser parte do nosso sistema de defesa, ela racionaliza, quantifica e nos informa sobre os nossos progressos durante o curso das nossas experiências. A consciência tampouco é o ego; ela é a essência do nosso verdadeiro eu. Não está embutida no nosso corpo e pode se transportar com facilidade para outros tempos, lugares e realidades, tanto em tempo real quanto nos sonhos. A nossa consciência é superluminal (mais rápida que a velocidade da luz) e é capaz de trazer qualquer informação ou experiência que queiramos ou precisemos de qualquer ponto da criação.

A consciência é o que penetra nas células incipientes quando somos concebidos. Ela carrega lembranças das nossas vidas passadas, razão por que temos *déjà vus*. Já vivemos essa situação. É por isso que temos a impressão de que conhecemos alguém mesmo quando encontramos essa pessoa pela primeira vez. Nós *de fato* já a encontramos antes. A consciência é o que vai além da realidade do aqui e agora e nos traz informações intuitivas sobre o passado, o presente e o futuro. Ela é a parte de nós que está sempre atenta e ciente de tudo o que existe na criação. Ela é capaz de mover montanhas, transformar a forma da matéria e viajar no tempo e no espaço – e até para outros reinos da realidade. É capaz de desencadear a cura nos níveis mais profundos, abrindo-se para a consciência de outras pessoas e sentindo o que elas sentem. Ela é o nosso maior poder e a nossa mais profunda sensibilidade.

Como aprendemos a nos comunicar e a pensar de maneira lógica, a nossa lembrança da consciência pura foi enfraquecendo ao longo do processo evolucionário. Nós fechamos a porta para a percepção de realidades maiores como se isso fosse uma coisa natural. Agora essas portas estão se reabrindo à medida que recuperamos essa percepção. As Crianças de Hoje chegam a este mundo com essas portas parcial ou totalmente abertas e a consciência delas faz com facilidade o que há muito tempo esquecemo-nos de que fazíamos. A consciência dessas crianças lembra quem elas são e de onde vieram, e essa lembrança, em contrapartida, espelha o nosso verdadeiro eu.

Como tanto a consciência quanto o DNA são compostos de energia eletromagnética, eles funcionam em seqüência. Quando a nossa consciência e o nosso DNA trabalham juntos, podemos atuar como *observadores e participantes conscientes intencionais* dentro de toda a criação. A nossa consciência vivencia todos os níveis de realidade e então comunica essas experiências, por meio de ondas eletromagnéticas, diretamente para o DNA. (Lembre-se, o nosso DNA recebe informações do RNA, processa essas informações e então volta a comunicar essas experiências através do corpo, por meio do RNA.) Ao mesmo tempo, o DNA retransmite essas mudanças para a consciência e para toda a criação. Trata-se de um ciclo sem fim, fundamental não só para a nossa própria existência, mas para o modo como nós a vivenciamos.

Todo pensamento que temos, toda palavra que proferimos e todo sentimento que vivenciamos é uma forma de energia e, portanto, tem uma assinatura harmônica. Cada assinatura é uma combinação de freqüências que, em sua integralidade, transmite mensagens específicas para nós e provenientes de nós. Por exemplo, quando temos uma experiência desagradável, o nosso corpo pode ter uma reação visceral – uma palpitação ou uma dor na boca do estômago. Ao contrário, quando temos uma experiência agradável, sentimos uma sensação deliciosa de calor no peito. O nosso corpo reage às nossas experiências. Quando as freqüências energéticas de cada experiência são comunicadas através do corpo, essas freqüências não apenas nos afetam fisicamente, como se tornam parte da nossa consciência. Assim, cada experiência é registrada ou impressa fisicamente (biologicamente) e energeticamente (no nosso campo energético), e essas impressões tornam-se parte de nós e de toda a criação. A consciência também se comunica diretamente com o DNA, portanto nós temos ao mesmo tempo uma existência física e etérica. O resultado de tudo isso é que não somos mais o que éramos um momento antes. Toda a nossa estrutura já mudou, e a nossa configuração energética, harmônica, adaptou-se às circunstâncias. Algumas dessas mudanças são profundas, enquanto outras são muito mais sutis.

As Crianças de Hoje têm um sistema de comunicação universal ainda mais refinado, direto e funcional, que dispensa muitas das etapas de que as gerações passadas precisavam. Os campos energéticos das crianças são transmissores e receptores vivos. Por causa disso, algumas delas demonstram talentos raros, como as crianças paranormais da China, que realizam feitos espetaculares, ou os Índigos, que se comunicam por meio de redes energéticas. Os novos sistemas energéticos das Crianças de Hoje são bancos de dados de energia viva. Isso é o mesmo que ter um rádio ligado o tempo todo e sintonizado em todas as estações ao mesmo tempo. Algumas dessas crianças podem filtrar o excesso de informações indesejáveis, outras não precisam fazer isso; e outras aprenderam a processar todas as informações ao mesmo tempo, porque o cérebro delas funciona de modo diferente. Para as Crianças de Hoje, todos os canais são acessíveis ao mesmo tempo e sem que seja preciso fazer nenhum ajuste no instrumento. Pan-recepção!

Muitas das Crianças de Hoje demonstram percepção, conhecimento e intuição impressionantes – na verdade, uma série ilimitada de talentos. Elas usam a consciência de maneira automática, para acessar, para nós e para si mesmas, respostas sobre a vida e sobre dimensões além do tempo. Por outro lado, por causa dos padrões e da estrutura do seu DNA, as Crianças de Hoje são hipersensíveis tanto aos próprios sentimentos quanto aos das pessoas à sua volta. A profundidade delas está além da compreensão, e a compaixão que demonstram informa e energiza a sua consciência social. Como consciência corporificada – aprimorada pela evolução do seu DNA –, as Crianças de Hoje representam um modo completamente novo de ser, e elas continuam evoluindo muito depois do nascimento. Os seus campos energéticos se adaptam constantemente, mudando cores e padrões de movimento, e adquirindo em seu espectro cromático tonalidades cada vez mais luminosas.

As crianças cujos talentos são estimulados vicejam e criam arte, música e ciência fantásticas, além de expressar idéias de profundidade ilimitada. Elas vêem a verdade do nosso ser como os seres humanos nunca viram, e têm a capacidade de expressar essas percepções com grande amor e sensibilidade. Infelizmente, muitas das Crianças de Hoje não são ouvidas. Os seus conceitos profundos são ignorados por serem considerados fantasiosos ou pura imaginação. A verdade é que as idéias e experiências dessas crianças são muito reais!

Equívocos médicos

Capítulo 2

Harmonia e funcionamento do cérebro

Quando recebe um estímulo, o nosso cérebro envia impulsos elétricos que transportam mensagens pelas redes neurais do cérebro e ao longo do corpo. Essas mensagens também são transmitidas de e para a nossa consciência e para toda a criação. Esse sistema de transmissão de mensagens funciona na forma de campos de freqüência eletromagnética, ou energia. Os campos energéticos que envolvem e permeiam o nosso corpo, juntamente com aqueles que existem multidimensionalmente, também são eletromagnéticos por natureza. Todos os níveis energéticos da existência se comunicam constantemente uns com os outros. Isso é como estar o tempo todo online, colhendo qualquer informação necessária, a qualquer hora, sem fazer nenhum esforço.

Como usamos o nosso cérebro de modo lógico, nem sempre estamos conscientes das comunicações mais sutis que realizamos.

O cérebro das pessoas superdotadas funciona de modo diferente. Lembre-se: a energia carrega informação e o cérebro usa energia para funcionar. As pessoas intuitivas ou que têm talentos extrafísicos possuem uma capacidade inata para "acessar" diferentes níveis de energia sutil e, portanto, outras realidades, onde vivenciam o fenômeno da precognição ou conhecimento prévio e, em alguns casos, libertam a própria consciência a ponto de lhe permitir explorar outras épocas e lugares, além de realidades muito além da terceira dimensão. No caso daqueles que são intuitivos ou possuem outros dons paranormais, as mensagens contidas na energia são distribuídas de maneira diferente dentro do cérebro, de modo que sejam compreendidas (pelo menos em algum nível de percepção), em vez de se perderem em meio ao raciocínio linear do cérebro. Os exames médicos nem sempre detectam esse funcionamento diferente do cérebro, pois a medicina ainda não se dispôs a analisar com seriedade e verdadeiro interesse as possibilidades de existência de energias sutis e as suas influências. Ainda lhe faltam instrumentos capazes de mensurar esses tipos mais refinados e sutis de energia.

Muitas vezes, por causa de certos estímulos ou alterações nos relacionamentos do funcionamento energético, a criança dessa nova geração pode parecer diferente ou até mesmo problemática. Em outras palavras, algumas delas não parecem se comportar "normalmente" no nível mental, emocional ou físico. Algumas delas demonstram todo tipo de deficiência aparente, desde a mais insignificante até a mais substancial. Muitas delas apresentam grande incapacidade física ao mesmo tempo em que demonstram uma profunda lucidez espiritual que comprova um domínio pessoal e sabedoria muito maiores do que os da maioria dos adultos. Aquelas que parecem mais profundamente afetadas muitas vezes não falam ou não podem falar, e muitas se comunicam telepaticamente com mais facilidade do que a maioria de nós com palavras. Algumas crianças também não se comportam "normalmente", como se espera em algumas situações. Outras parecem "aéreas" ou "fora do ar". Isso acontece porque elas estão muito além da nossa realidade diária simples.

Algumas dessas crianças simplesmente têm capacidades diferentes. Elas são extremamente intuitivas e talentosas, embora demonstrem dificuldades aparentes com relação ao aprendizado linear ou por memorização. Como têm uma inteligência muito acima da média, muitas vezes sentem-se entediadas e mostram sinais de apatia na forma de indisciplina ou de um desempenho acadêmico fraco. Uma das razões disso é o fato de que a natureza "acelerada" da evolução destes tempos faz com que energias desarmônicas ou em mutação às vezes se agreguem às ondas cerebrais e ao campo energético dessas crianças. As relações energéticas dentro do cérebro e no sistema de energia como um todo sofrem com a estática, que é muito parecida com a interferência numa estação de rádio. A energia muitas vezes adquire um padrão circular dentro do cérebro e isso determina quais áreas da inteligência a criança pode acessar. Em contrapartida, no caso de algumas crianças, o campo energético cerebral se unifica, criando um campo de energia que acessa partes do cérebro que a maioria das pessoas normalmente não usa.

Como essa energia aparentemente anômala passa por modificações, algumas das crianças apresentam disfunções físicas, demonstram uma inteligência brilhante (ou grande capacidade numa matéria em particular) e até mesmo uma visão espiritual notável. As possibilidades são ilimitadas, e só dependem da organização do campo de energia sutil dentro do cérebro da criança.

Embora o eletroencefalograma (EEG) registre as correntes elétricas do cérebro, ele geralmente não detecta esse tipo de atividade cerebral. Por essa razão, os exames de muitas dessas crianças com anomalias não acusam nenhuma anormalidade e elas são consideradas um "mistério" para a medicina. Isso acontece porque a medicina não leva em conta os relacionamentos eletromagnéticos tanto dentro quanto em volta dos corpos, ou mesmo o fato de que todos os seres humanos se compõem de camadas de formas e campos energéticos sutis. Os aspectos multidimensionais das crianças que estão interagindo entre si o tempo todo também não são levados em conta.

Novos relacionamentos dentro dos nossos campos energéticos às vezes nos possibilitam o acesso a outras realidades com a nossa consciência. Temos a capacidade de aperfeiçoar a nossa receptividade universal, o que amplia a nossa percepção da experiência tridimensional. Quando a atividade cerebral reage às mudanças eletromagnéticas, pode acontecer de essas freqüências se unificarem, criando interessantes padrões. Ondas gama e até freqüências mais altas passam a prevalecer. As ondas gama são a mais elevada freqüência do nosso cérebro, e estão muito acima das ondas teta, características da meditação e dos momentos intuitivos. Até hoje, a ciência moderna ainda não descobriu o suficiente para explicar o que acontece quando as ondas gama prevalecem ou dominam a atividade cerebral. Quando as ondas cerebrais começam a assumir novos padrões, a consciência é afetada. Não me refiro aqui apenas ao sono ou à vigília, embora num certo sentido "despertemos" para realidades maiores.

A consciência das Crianças de Hoje passa a perceber melhor as realidades alternativas e os mundos multidimensionais. Na verdade, ela acaba por se libertar tanto das limitações espaciais quanto cronológicas. Essas crianças passam facilmente de uma realidade para outra, permanecendo conscientes de todas as realidades simultaneamente. Essa percepção inicial é o que eu chamo de *iniciação* – o estado em que o padrão das nossas ondas cerebrais se unifica e se inicia um reconhecimento incipiente das realidades extrafísicas. Nesse estágio, existe a consciência de que existem outras realidades, mas a experiência não vai além dessa constatação. O passo seguinte é a *comunhão*, na qual existe uma interação consciente com outras realidades. A criança está não apenas consciente de outras realidades como se comunica fluentemente com elas. Isso significa ver outros seres em outros planos da realidade e conversar com eles. (Isso dá um significado totalmente diferente ao conceito de amigos invisíveis!) Comunhão também significa vivenciar intencionalmente as energias de outras realidades, e até aprender com elas. As crianças são capazes de ver guias e outros seres etéricos, interagir com eles e até travar amizade com esses seres. Elas são capazes de projetar a consciência no constructo universal e viajar no espaço e no tempo, para trazer ao nosso mundo a sabedoria de lugares longínquos.

Autismo

Nunca tantas crianças receberam o diagnóstico de autismo quanto recebem hoje em dia, e esse número é cada dia maior. A consciência é algo impressionante que a maioria dos profissionais – na verdade, das pessoas em geral – não entendem. Por essa razão, os diagnósticos médicos são, na opinião da autora deste livro, muitas vezes equivocados.

Algumas vezes, quando a criança nasce com dons notáveis e esses dons não são reconhecidos ou estimulados, ela começa a se refugiar em realidades alternativas. Nesses casos, a criança parece introspectiva, mostrando-se total ou parcialmente inconsciente do seu ambiente tridimensional.

A verdade é que é simplesmente mais fácil nos relacionarmos com um estado de consciência pura do que lidar com o fato de não sermos ouvidos ou reconhecidos. É difícil para essas crianças traduzir para a linguagem humana do dia-a-dia as experiências etéricas que a consciência delas tão facilmente identifica. Evidentemente, nem todos os diagnósticos de autismo resultam desse tipo de mal-entendido, mas esse é cada vez mais o caso, à medida que um número maior dessas crianças excepcionais continua a encantar este mundo.

O autismo é um caso padrão de funcionamento harmônico diferenciado do cérebro. No autismo, a trajetória da energia eletromagnética dentro de uma pequena área cerebral faz um *looping*, ou seja, adquire um padrão circular ou elíptico. Enquanto alguns padrões energéticos atuam de modo circular, outras partes do sistema energético, os receptores sensoriais, permanecem continuamente "ligados". (Mais uma vez é importante frisar que nem todas as crianças que apresentam sintomas de autismo pertencem à nova evolução. A nossa discussão aqui se limita a essas crianças que apresentam novos padrões energéticos.)

Quando as comunicações eletromagnéticas no cérebro começam a apresentar padrões circulares, a criança fica "presa" a essa margem estreita. A rede de neurônios cerebrais desenvolve um formato pequeno e restrito, que por sua vez limita a capacidade da criança de interagir normalmente com o nível tridimensional. É por isso que vemos vários níveis de autismo: casos amenos, em que a criança interage satisfatoriamente, mas com dificuldades; crianças moderadamente afetadas, que só interagem de modo parcial, mas parecem apresentar consciência, e até os sábios, que são geniais em algumas áreas específicas. Do ponto de vista harmônico e energético, o que consideramos autismo é muitas vezes apenas uma reorganização dos relacionamentos harmônicos dos campos energéticos eletromagnéticos do cérebro, e talvez do corpo inteiro.

A sensação do toque provoca insegurança em muitas dessas crianças supostamente autistas. Isso porque, quando são tocadas, elas sentem tudo o que a outra pessoa já vivenciou: os seus medos e sentimentos mais profundos, a luz e as trevas dentro dela. Além disso, a maioria das crianças autistas não tolera nenhum tipo de restrição, pois só o fato de estar num corpo já lhes parece difícil. Algumas delas não suportam nem mesmo usar roupas ou sapatos. Isso também não se aplica a todas as crianças autistas, pois o autismo também é provocado por outras causas. No entanto, esse é um fenômeno definitivo no contexto das Crianças de Hoje.

Segundo a hipótese de uma escola de pensamento, o mercúrio contido em vacinas infantis, no ambiente e até em frutos do mar ingeridos pela mãe quando a criança ainda está no útero, contribuiu para o surgimento do autismo. A maior parte da intoxicação por mercúrio em seres humanos de fato decorre da ingestão de frutos do mar contaminados. Outra causa da contaminação por mercúrio são as amálgamas usadas pelos dentistas para obturar os dentes. Com o tempo, o mercúrio dessas amálgamas é liberado na cavidade oral e absorvido pelo organismo.

Está cientificamente provado que o mercúrio é um ótimo condutor de eletricidade e pode ser usado para gerar energia elétrica na forma de combustível. Quando existe condutividade elétrica, um campo eletromagnético é gerado. A polaridade do campo eletromagnético é geralmente contrária à do campo elétrico, ou seja, a circulação da energia se dá em sentidos opostos, criando assim equilíbrio e estabilidade.

No entanto, quando a energia elétrica e a eletromagnética circulam no mesmo sentido, abrem-se portais no tempo e no espaço, neutralizando a força gravitacional e as barreiras entre a nossa realidade e outros mundos. É justamente esse fenômeno que possibilita a tecnologia antigravitacional e o surgimento de Óvnis no nosso planeta. Também é graças a ele que as viagens no tempo são possíveis e a nossa consciência pode se comunicar com outras realidades.

Por essa razão, se houver excesso de mercúrio no corpo físico, isso pode acarretar disfunções nos relacionamentos e padrões eletromagnéticos do cérebro, dando origem aos padrões circulares e ao autismo, assim como a outros comportamentos anômalos da consciência e da cognição. A presença do mercúrio pode de fato criar um novo relacionamento eletromagnético no corpo, que gere um impulso de mudança e/ou um novo tipo de comunicação. Quando essas mudanças ocorrem, a criança passa a apresentar certas diferenças ou deficiências de comportamento e é considerada "anormal".

Na verdade, quando uma criança nasce com novos padrões energéticos e um sistema eletromagnético mais refinado, a intoxicação do seu organismo com metais pesados pode maximizar diferenças harmônicas ou disfunções em geral e contribuir enormemente para que ocorram mudanças nos relacionamentos elétricos e eletromagnéticos em todo o corpo físico. Novas relações energéticas se formam, acarretando toda uma nova série de problemas. A intoxicação por metais pesados por ser facilmente detectada por exames de sangue ou pela análise de fios de cabelo, ambos realizados a pedido médico.

TDA e TDAH

As crianças cujas ondas cerebrais apresentam novos padrões muitas vezes têm sintomas do transtorno do déficit de atenção (TDA) ou do transtorno do déficit de atenção com hiperatividade (TDAH). Isso significa que a criança parece ter dificuldade para se concentrar numa tarefa, para prestar atenção ou para manter a concentração. A verdade é que as Crianças de Hoje não pensam da mesma maneira que as suas predecessoras. Os seres humanos normalmente pensam de maneira linear, com um pensamento lógico atrás do outro, numa fila ordenada. Todo elo da cadeia do raciocínio serve ao propósito de conectar uma informação à seguinte, até que se construa uma história com um sentido lógico.

O cérebro das Crianças de Hoje funciona de modo diferente. Em vez de usar a lógica linear, elas pensam de maneira compartimentada. Para visualizar melhor isso imagine que o cérebro dessas crianças notáveis tenha muitas gavetinhas, cada qual com um tipo diferente de informação. Essas gavetinhas se abrem em categorias, sendo que às vezes muitas delas se abrem simultaneamente. O resultado pode ser semelhante aos sintomas de TDA e TDAH, pois a criança parece não se manter numa rota reconhecível, saltando de uma coisa para outra num ritmo muitas vezes impressionante. Quando pensam, as Crianças de Hoje são capazes de pular de um assunto para outro, reconhecendo e armazenando dados para uso posterior ou até que tenham informações suficientes para que passem a fazer sentido.

Por causa desses novos padrões de pensamento e da sua imensa capacidade de aprendizado, as Crianças de Hoje – principalmente as Cristalinas e as Crianças das Estrelas – parecem ter TDA e TDAH. A verdade é que essas crianças não precisam pensar sobre um assunto durante muito tempo, ou mesmo pensar sobre ele, pois elas já têm informações armazenadas sobre ele para uso futuro! Em vez de transtorno de déficit de atenção ou hiperatividade, eu prefiro pensar que essas crianças têm CVPH: **C**apacidade para **V**iajar **P**elo **H**iperespaço.

Com uma consciência livre e desimpedida de sistemas de crença, as Crianças de Hoje têm liberdade para deixar que a sua consciência viaje quando e por onde quiserem, enquanto o corpo delas permanece na terceira dimensão!

Além de receber o diagnóstico de transtorno de atenção, muitas das Crianças de Hoje também são consideradas hiperativas. Elas de fato são "hiper", mas isso não é sintoma de uma doença, mas apenas da experiência que vivem. Quando a criança é capaz de armazenar informações de modo compartimentado, ela faz isso na velocidade da luz, e por essa razão muitas vezes não conseguimos acompanhar esse processo. Então, enquanto todo mundo tenta fazer o mesmo por meio do raciocínio lógico linear, a criança superdotada já se entediou e começou a ficar impaciente. A impaciência é muitas vezes considerada um mau comportamento. A criança simplesmente não tem nada que a interesse ou prenda a sua atenção, então ela perambula pela sala de aula, pela casa ou por outro lugar. Com o tempo, geralmente começa a ficar indisciplinada.

Essas crianças não são problemáticas, mas simplesmente diferentes. Usando o computador como metáfora, as gerações passadas são como computadores antigos, que ainda funcionam com o sistema operacional DOS. Os seus processadores só são capazes de realizar uma função por vez e rodar um programa por vez, numa progressão lógica, até que a tarefa esteja concluída. Esse processo é lógico e linear e avança de uma linha de programação para outra e assim sucessivamente. Em comparação, as Crianças de Hoje parecem muito mais um supercomputador de última geração, que executa muitas tarefas ao mesmo tempo, de maneira consciente e intencional, e nunca perde o fio da meada. As suas informações são processadas como energia pura, por isso não há atrasos no processo de comunicação. Esse processo é rápido demais para ser traduzido em palavras. A técnica de assimilação das crianças é superluminal – mais rápida que a velocidade da luz. Para elas, esse processamento rápido é natural. Muitas delas não têm consciência de que são diferentes; elas simplesmente se comportam da maneira que lhes é natural.

Esse comportamento aparentemente disperso cria um mal-entendido entre professores, pais e outros cuidadores, que supõem que a criança tenha uma deficiência de aprendizado ou outro problema qualquer que a torne incapaz de seguir o raciocínio lógico linear. Eles então se esforçam para fazer a criança seguir certas normas sociais e, com o tempo, são recompensados com mais indisciplina. Muitas dessas crianças são vítimas do sistema público de educação e tachadas como crianças problemáticas. Por fim, acabam ressentidas com uma sociedade que não pode ou não quer compreendê-las. A criança já se sente desajustada porque a sua percepção está além da compreensão da maioria das pessoas. Portanto, a sua auto-imagem se torna negativa, surgem os problemas de comportamento, podem surgir sinais de depressão e a comunicação diminui, uma vez que ninguém a ouve mesmo. Inúmeras reações negativas podem se desenvolver – tudo porque a criança superdotada não é reconhecida ou estimulada.

Em vez de celebrar as suas diferenças, nós damos a essas crianças medicamentos para amenizar a depressão e a hiperatividade, para melhorar o estado de ânimo ou para acalmá-las. Com esses medicamentos, elas ficam mais quietas e manipuláveis, e parecem prestar mais atenção. No entanto, do ponto de vista espiritual, emocional e evolucionário, a capacidade delas é reduzida. É como se a sociedade determinasse que essas crianças são trens desgovernados e que o único jeito de controlá-los é construir sobre os trilhos um muro de tijolos, na forma de medicamentos. Quando o trem inevitavelmente atinge o muro, ele é destruído – assim como as crianças a quem esses medicamentos são administrados, para que se comportem de acordo com antigos paradigmas sociais. Quando essas crianças são medicadas, os portais para uma consciência superior em geral ficam fora do seu alcance. Elas deixam de sentir entusiasmo pela vida e passam a apresentar sinais de apatia. Com a medicação, elas exigem menos atenção – ficam mais quietas e maleáveis –, mas de que adianta isso?

Alguém conseguiu deixar a situação "sob controle". Controle – esse velho paradigma que exige que uma ou mais pessoas estejam no comando o tempo todo. O fato é que o controle nada mais é do que uma percepção ilusória do ego. A idéia de controle sustenta que alguém está separado do todo e decidiu impor as suas experiências e percepções sobre os outros. Se alguém decide que está no controle, a situação só diz respeito a ela e a mais ninguém. O que o controlador deseja, de acordo com o seu quadro de referência, não é necessariamente o bem maior de todos os envolvidos. O controle é *interpretado* como poder.

Uma das maiores verdades que as Crianças de Hoje sabem sem sombra de dúvida é que somos todos um. Somos parte de um todo muito maior do que cada um de nós individualmente. Quando começamos a nos separar, em categorias ou de outra maneira, começamos a nos distanciar da verdade, e as Crianças de Hoje sabem disso. Quando uma criança conhece a verdade no fundo do seu próprio ser e os adultos ou mesmo outras crianças tentam fazê-la viver em desacordo com essa verdade, ela se sente pressionada a trair o seu extraordinário ser. É como se pedissem que ela mentisse ou concordasse com a idéia de que está separada do todo. Isso vai contra tudo o que ela sabe ser verdade e essa certeza é tão profunda que, no fundo do seu ser, ela literalmente sofre com essa fragmentação.

Em minha opinião, essas crianças não têm déficit de atenção, de capacidade cognitiva ou de habilidades sociais; o déficit quem tem é a sociedade. Falta-lhe a consciência da escala evolutiva da humanidade – ela é deficiente em atenção com essas crianças, tem sistemas educacionais ou de apoio familiar insatisfatórios e ouvidos moucos para o que essas crianças estão realmente dizendo. A nossa sociedade, como muitas outras, geralmente precisa de um bode expiatório a quem possa culpar pela sua incompetência. E existem aqueles que são perseguidos por fazer algo de extraordinário ou, ao contrário, por não fazerem nada. A nossa sociedade precisa mudar a maneira como encara as Crianças de Hoje ou teremos um número cada vez maior de crianças entregando os pontos, em vez de causar uma mudança poderosa e positiva no nosso mundo.

Orbes também *são* pessoas!

Capítulo 3

A projeção da nossa consciência na forma de perfeição geométrica nos deixa ilimitados no espaço e desimpedidos pelo tempo. Trabalhando assim, dentro do mesmo constructo do qual tudo é criado, não podemos errar.
– Orbe Salamandra

Afinal, o que são orbes?

Orbes são campos energéticos de forma esférica que muitas vezes aparecem em fotos ou filmes de vídeo. Eles se parecem muito com bolhas perfeitamente redondas, mas não ocas. Os orbes parecem se mover por conta própria, e são muitas vezes vistos ou fotografados na forma de esferas multicoloridas e com desenhos interiores variados e complexos. Existem opiniões conflitantes com relação à sua origem, pois eles não vêm todos do mesmo lugar. O orbe é, na verdade, um meio de comunicação que transcende o tempo, o espaço, as dimensões e até fronteiras intergalácticas. Algumas pessoas de fato os vêem ou sentem.

Os mais céticos costumam dizer que os orbes não passam de partículas de poeira em suspensão no ar. No entanto, nem todos eles se compõem de poeira. Ao longo dos anos, fui muitas vezes interrompida em minhas tarefas diárias por uma voz vinda aparentemente do nada, dizendo "pegue a câmera", "vá lá fora" ou "vire-se", e *todas as vezes* que segui essa orientação, consegui tirar fotos de orbes! Muitas delas mostram esses orbes em movimento, com uma "cauda" ou trilha de energia atrás deles. Num certo sentido, eles parecem pequenos cometas cruzando o campo fotográfico. Às vezes, o mundo espiritual revela a sua presença na forma de um orbe ou de outros fenômenos visíveis nas fotografias. Eu já tirei fotos de orbes em lugares considerados "mal-assombrados" e elas foram apresentadas em noticiários sobre a localidade. Ao longo dos anos já encontrei muitas pessoas que podem literalmente chamar os orbes para que apareçam em fotos. Fotos de controle tiradas antes que os orbes sejam "chamados" não mostram nada, mas depois que eles são requisitados a se mostrar, manifestam-se festivamente numa série de fotos.

Sempre fui fascinada pelas possibilidades do que os orbes realmente significam. Afinal de contas, quando abordamos esse assunto do ponto de vista metafísico, ele adquire um significado completamente novo e de potencial ilimitado. Há pouco tempo, descobri que esse fenômeno é muito mais do que estranhas e curiosas anomalias em chapas fotográficas: os orbes têm consciência! Não acredita? Mas é verdade!

Figura 3. Foto de orbes numa rede cristalina. Cortesia de Mikael Koch.

Jornada rumo à descoberta

A melhor maneira de descrever essa descoberta desconcertante é mostrar como "ela" chegou até mim. Eu já estou acostumada a experiências estranhas. Nos meus estágios iniciais de despertar, quando fiquei mais consciente do meu sistema energético, o meu senso de realidade mudou radicalmente. Tomei mais consciência da magnitude dos diferentes tipos de energia em outros planos de realidade. Comecei a reservar um tempo toda manhã para explorar essas novas e assombrosas descobertas. Comecei a desenvolver a capacidade de ver a energia e, com o tempo, aprendi como manipular energias sutis por meio do movimento e da música. À medida que fazia isso, a minha capacidade de perceber realidades maiores aumentou. Passei a viver experiências que ninguém do meu convívio jamais tinha vivido e isso foi frustrante.

Toda manhã, quando trabalhava com a energia, eu pedia em voz alta a assistência de qualquer ser no universo que fosse da luz e pudesse me orientar. "Mostre-me", eu dizia. Uma manhã, quando eu realizava a minha rotina diária, implorando mais uma vez por auxílio, um Mestre luminoso materializou-se diante de mim. Ele estava de pé na minha sala, um holograma vivo, e a sua luz era ofuscante! Ele parecia muito alto em suas vestes vermelhas e os cabelos eram compridos e esvoaçantes. Irradiava uma luz que era ao mesmo tempo intensa e suave. Nesse momento houve obviamente uma alteração imediata e irrevogável na minha realidade! O Mestre mostrou-me como usar a energia de maneiras que eu ainda não tinha considerado e ensinou-me, por fim, a usar a energia para a cura, para manifestar realidades maiores e até para aprender. Com o tempo, muitos Mestres diferentes transmitiram-me ensinamentos sobre assuntos tão diversos quanto o constructo universal, vários tipos de ciência, cura e assim por diante. Até hoje, os Mestres me orientam em quase todos os momentos. É como se a minha mente fosse um computador sem fio e com acesso à Internet, que estivesse recebendo ininterruptamente informações sobre qualquer assunto. É estranho, eu sei, mas é verdade – e muitos dos ensinamentos que esses mestres me transmitiram estão sendo comprovados pela ciência atualmente, mesmo depois de passado muito tempo desde a sua transmissão.

Trata-se de uma jornada maravilhosa em que eu aprendo a confiar, a me abrir para o inesperado e a ter fé de que todo momento é perfeito, não importa o que esteja acontecendo. Quando faço isso, a minha vida toma rumos muito mais positivos e eu sou levada por um impulso muito maior do que eu mesma. Por causa disso, o meu trabalho tem me levado aos mais diferentes lugares do mundo, onde me encontro e converso com milhares e milhares de pessoas. Todos esses encontros, sem exceção, ensinaram-me alguma coisa nova. Quando decidimos abrir mão do nosso controle ilusório e realmente confiamos no momento, as coisas mais espetaculares acontecem. Começamos a viver sincronicidades na nossa vida. Obstáculos caem por terra, deixam de existir, e a nossa vida passa a ser uma sucessão de acontecimentos maravilhosos. A vida começa a parecer uma dança com uma coreografia infinita. Não existem mais meras coincidências, apenas oportunidades.

Os Mestres muitas vezes me dão informações científicas que estão além da minha compreensão. Na maioria dos casos, eu tenho uma boa idéia acerca do que tais informações se referem, mas elas muitas vezes envolvem dados complexos que estão além da minha esfera de conhecimento. Eu geralmente procuro levar essas informações a alguém que possa aproveitá-las melhor do que eu. Costumo brincar dizendo que, sempre que preciso encontrar alguém relacionado ao assunto, essa pessoa acaba aparecendo na minha sala. As pessoas mais surpreendentes já me procuraram no momento certo, com os conhecimentos certos ou os contatos de que eu precisava para passar a informação. Quando precisei estudar alguns conceitos de genética, por exemplo, uma geneticista marcou uma consulta comigo; ela chegou sem saber muito bem o que viera fazer ali. Logo descobrimos! Quando iniciamos a conversa eu comecei a contar a ela sobre algumas informações que tinha recebido sobre mudanças ocorridas no DNA humano. Ela ficou muito surpresa ao ouvir o que os Mestres haviam me mostrado, pois os cientistas tinham descoberto o fenômeno apenas uma semana antes. Na época, já fazia dois ou três anos que eu tinha as informações. Foi muito divertido conversar com ela sobre o que só seria descoberto no futuro! Com o tempo nós nos tornamos grandes amigas. Numa outra ocasião, quando eu estava buscando informações sobre certos aspectos da energia nuclear, um engenheiro nuclear apareceu para uma consulta e eu pude trocar idéias com ele. (Eu acabei me casando com ele, portanto foram dois coelhos com uma cajadada só!) Cientistas vêm e vão, biólogos, patologistas, naturopatas, homeopatas, acupunturistas, produtores de filmes – escolha o profissional que quiser, eles continuam indo e vindo, porque eu *acredito*. Estou aberta para realidades maiores.

Nos últimos anos, recebi uma grande quantidade de informações sobre as Crianças de Hoje, das mais variadas formas. Trabalhei com inúmeras crianças e com a família delas e descobri que todas essas informações, que também foram confirmadas pelas próprias crianças, estão relacionadas. O último ano, em particular, trouxe tantas descobertas e experiências novas e surpreendentes que houve informações que eu não conseguia entender, mas agora entendo. James Twyman fez uma grande contribuição ao mundo quando descobriu que as Crianças Índigo se comunicam psiquicamente por meio de linhas de grade universais. As Índigos se comunicam entre si e com pessoas de todas as épocas e lugares que estejam "sintonizadas" da mesma maneira. Elas são realmente espantosas. Twyman continuou a se encontrar com muitas dessas crianças, que começaram a conversar com ele desse modo. Ele então fez maravilhas mostrando ao mundo esse fenômeno muito real. Mas as Crianças de Hoje se comunicam de outra maneira similar, também real e extraordinária. Uma seqüência notável de acontecimentos levou-me a essa descoberta.

Durante o verão de 2005, eu assumi o compromisso de participar de uma exposição em Spokane, Washington. Eu me apresentei ali durante vários anos consecutivos e o público geralmente aguardava com expectativa que eu discorresse sobre certos assuntos. Numa ocasião, meses antes desse evento, os Mestres me disseram que eu *tinha* de falar sobre as crianças. Eu estava um pouco insegura porque, afinal de contas, nunca tinha me considerado uma autoridade em crianças. Tinha trabalhado com muitas famílias, mas não achava que tivesse um conjunto sólido, demonstrável e organizado de informações que pudesse apresentar ao público. Os Mestres foram incansáveis. Eu ouvia várias e várias vezes na minha cabeça, "Fale sobre as crianças!" Eles não desistiam! (Quando os Mestres querem que eu faça alguma coisa não desistem até que eu concorde. Fracamente, isso às vezes é bem incômodo. Eu já aprendi que, quando eles são insistentes, significa que é melhor eu prestar atenção, mesmo que se trate de algo que desafie o meu quadro de referência ou a minha lógica na época.) Normalmente, quando os Mestres me pressionam desse jeito, a minha vida dá uma guinada de 180 graus e atinge um patamar mais alto. Eu recebo mais compreensão, novas idéias, conexões maiores e novas vias pelas quais ensinar – na verdade, todo tipo de resultado positivo. A resistência é inútil, pois, de uma maneira ou de outra, eu sempre acabo fazendo exatamente o que eles querem, o que se revela perfeito! "Tudo bem", eu digo finalmente.

A minha palestra sobre as crianças foi divulgada e a receptividade foi grande, tanto em número de ingressos vendidos quanto de pessoas que vieram me contar as suas histórias durante a exposição. Dezenas de pessoas me procuraram ou me pararam nos corredores com histórias para contar, perguntas a fazer e as mais variadas preocupações sobre essas crianças. Quando me dei conta da quantidade de pessoas que precisavam de informações sobre as Crianças de Hoje, comecei a entender o ponto de vista dos Mestres.

Na manhã da minha palestra, uma mulher chamada Julie parou para conversar comigo. Nas mãos, ela tinha um álbum de fotografias que estava ansiosa para me mostrar. Julie começou a me contar a sua história. Ela me disse que morava numa pequena comunidade em Montana, era enfermeira e sensitiva. Assim como eu, Julie era sempre procurada por médicos, advogados e outros profissionais, assim como por crianças e pelas suas famílias, pelo fato de trabalhar com certos tipos de criança. Julie me contou histórias fantásticas sobre as crianças com que trabalhava e sobre como as tinha encontrado – ou melhor, como havia sido encontrada por elas! Julie recebia "mensagens". (Eu sei bem o que é isso!) Sem mais nem menos, Julie ouvia coisas do tipo "Entre no carro e dirija". Então ela fazia isso sem ter a mínima idéia de para onde ir. Quando chegava ao seu destino, "diziam" a ela que havia chegado; então ela descia do carro e batia na casa em frente. Quando abriam a porta, Julie perguntava sem hesitação, "Aqui mora alguma criança?" E a resposta *sempre* era "sim".

As crianças chamavam Julie telepaticamente.

Geralmente, as crianças que chamavam por ela tinham deficiências físicas graves. Não podiam falar e algumas não ouviam nem enxergavam, por isso se comunicavam telepaticamente. Em outras palavras, elas se comunicavam silenciosamente com a consciência. Numa casa que Julie visitou, tão logo chegou, um garotinho lhe descreveu alegremente (por telepatia e com linguagem de sinais) como tinha sido o dia dela até chegar ali. Ele sabia, em detalhes, *tudo* o que ela tinha feito, vivido e sentido durante todo o dia! Durante essas visitas, Julie muitas vezes ficava sabendo que a criança estava prestes e ser enviada para uma instituição porque estava gravemente incapacitada e porque os cuidados intensivos necessários para garantir o seu bem-estar não eram possíveis num ambiente doméstico. Julie geralmente pedia à família ou aos responsáveis por cuidar dela se permitiriam que trabalhasse com a criança, e a resposta costumava ser afirmativa, pois as famílias precisavam desesperadamente de ajuda.

Depois de contar todas essas histórias, Julie abriu o álbum e começou a me mostrar as fotos dessas crianças. A maioria delas tinha uma aparência bem normal. Foram as anomalias nas fotos que chamaram imediatamente a minha atenção: quando fotografadas, as crianças exibiam campos energéticos em forma pictográfica. Orbes coloridos muitas vezes apareciam repletos de padrões geométricos sagrados ou representações de fórmulas matemáticas como o conjunto de Mandelbrot. Quando Julie percebeu as anomalias nas fotos, perguntou-se se os orbes não seriam causados por problemas na câmera ou por algo que estava no ar. Ela sentia que havia algo muito mais importante acontecendo, por isso começou a tirar fotos com vários tipos de câmeras. Experimentou uma digital de 35 mm e câmeras descartáveis – qualquer uma que tivesse disponível – e os resultados foram os mesmos: orbes com padrões geométricos e cores vivas. Mas essas fotos eram muito mais complexas do que as fotos "comuns" de orbes. Quando ela perguntava às crianças sobre o que via nas fotos, elas diziam a Julie que estavam criando as anomalias intencionalmente! Foi então que ela deduziu que os orbes são projeções intencionais da consciência. Quando ouvi isso, fiquei muito empolgada. Fazia muitos anos que eu suspeitava disso, mas não tinha como provar a minha teoria – até então.

Cada fotografia mostrava orbes diferenciados que eram exclusivos da criança que aparecia na foto, não importa onde e quando ela tivesse sido tirada. Todo orbe era, em sua complexidade, uma representação energética identificável dessa criança, e as anomalias eram constantes em todo o álbum de fotos de Julie. Elas se repetiam em fotografias tiradas em diferentes lugares, enquanto as crianças e as pessoas que cuidavam delas participavam de diferentes atividades. As crianças estavam expressando intencionalmente as suas assinaturas energéticas. Mas isso não era tudo. Depois de tiradas as fotos iniciais, Julie e alguns amigos começaram a fazer outros experimentos. Um dia, eles levaram dois garotos (que eles sabiam que se comunicavam telepaticamente um com o outro) a dois eventos esportivos em lados opostos da cidade. Então tiraram fotos dos garotos no mesmo horário, no local onde cada um estava. *As fotos de ambos mostravam exatamente o mesmo conjunto de orbes, com padrões complexos idênticos dentro deles.* Os garotos haviam mesclado freqüências harmônicas para deixar uma marca em forma pictográfica. Isso não foi por acaso. Tenho de admitir que fiquei impressionada. Pedi a Julie para que mostrasse as fotos durante a minha palestra, pois achei que elas seriam um valioso acréscimo ao mistério das Crianças de Hoje. Eu sabia que havia mais alguma coisa ali, mas simplesmente não consegui desvendar na época.

Então chegou a tarde da minha palestra. A apresentação teria de durar duas horas. Como eu iria preencher todo aquele tempo? Será que o que eu aprendera nos meus encontros e nas conversas com as crianças e os seus responsáveis seria suficiente para discorrer a respeito diante de uma platéia? Bem, a apresentação transcorreu otimamente, e eu percebi que a minha experiência tinha me proporcionado um cabedal de informações que estava muito além do que eu percebera. Depois da palestra em que fiz uma descrição básica das características dessas crianças, abri um fórum de discussão para que a platéia contribuísse com perguntas, comentários e experiências pessoais. Enquanto conversávamos, elas ficavam cada vez mais empolgadas com a oportunidade de expor as suas dúvidas e preocupações sobre as crianças que conheciam ou tinham na família; eu estava pasma com a receptividade. As duas horas programadas não só passaram voando como continuamos debatendo no corredor depois que o nosso tempo na sala de palestras já havia se esgotado. Certo, lição aprendida. Mas ainda tinha mais por vir.

Na manhã seguinte, acordei me sentindo um pouco estranha. Quando estava me trocando, eu percebi que estava sem equilíbrio e começando a pender para o lado direito. Fechei os olhos e procurei detectar a origem do desequilíbrio. Verifiquei os meus campos energéticos e o que encontrei foi uma grande surpresa: eu tinha um orbe de tom aquoso e brilhante no meu campo! Ele tinha sido absorvido pelo meu campo, do lado direito do meu corpo físico, ligeiramente abaixo do ombro. A sua intensidade energética era tamanha que ele pesava em meu campo energético. Eu não fazia idéia do que estava acontecendo, mas logo iria descobrir.

Ali pelo fim do dia havia *quatro* orbes no meu campo, todos do lado direito e um de cada cor. Um era de tom aquoso, outro era quase salmão, outro era dourado e outro era de um tom pálido de verde. Eu literalmente não consegui ficar ereta, por causa do peso energético dos orbes. Desnecessário dizer que aquilo era meio desconcertante, mas como eu já estava acostumada com fenômenos desconhecidos, simplesmente aceitei.

A exposição me manteve ocupadíssima aquele dia, mas sempre que tinha uma oportunidade "checava" o meu campo. Os orbes continuaram ali durante o dia todo e eu comecei a me adaptar à intensidade da energia adicional no meu campo energético. Aos poucos comecei a endireitar a minha postura. Quando cruzei com Julie, contei a ela o que estava acontecendo e ela riu e disse que eu tinha sido "iniciada". Aparentemente, depois de ver as fotos das crianças, muitas pessoas tendem a ficar mais conscientes dos orbes. Ela não tinha outra explicação para aquilo. Embora eu tivesse esperança de poder conversar com Julie outra vez, nunca mais a vi. Eu sabia que aquilo significava muito mais do que uma simples percepção. Eu estava fascinada e intrigada, por isso observei e esperei.

De Spokane, voei para Sedona, no Arizona, para apresentar uma conferência durante todo o final de semana. Eu tinha dois dias livres antes da conferência e, como havia chegado muito antes dos outros participantes, tive um bem-vindo tempo de sobra para ficar sozinha. Durante esses dois dias, mais e mais orbes entraram no meu campo de percepção e colaram no meu campo energético. Percebi que estava colecionando uma série de orbes de várias cores e tamanhos. Como se tratava de uma experiência nova, demorou um pouco até me ocorrer a idéia de me acalmar e me abrir para o fenômeno. Assim que fiz isso, percebi que os orbes estavam "pegando carona".

Cada orbe carregava a consciência de uma criança. E elas estavam conversando comigo. Ai. Meu. Deus.

Esse foi outro momento da minha vida em que tive certeza de que tudo o que eu achava que sabia estava mudando. Como havia acontecido quando os Mestres apareceram pela primeira vez, eu tive de reformular o meu senso de realidade. Será que o estava perdendo? De jeito nenhum! Aquilo era real. Tive de admitir que as implicações dessa experiência me deixavam aturdida. Embora estivesse acostumada com coisas estranhas, aquela experiência era totalmente nova. Então pensei, que diabos! e comecei a tentar me comunicar telepaticamente com as crianças. Eu me senti meio tola, sozinha ali no Arizona, conversando com a energia no meu campo, até – que elas começaram a conversar comigo. Uau!

Coisas espantosas começaram a acontecer. Não só a consciência de diferentes crianças começou a convergir dentro do meu campo energético, como crianças físicas começam a se aproximar de mim também. Durante todo o resto da minha excursão de verão, em todos os aviões em que voei, sentei-me próxima de crianças de todas as idades – na verdade, cercada delas! Fui acompanhada de classes inteiras de alunos, bandas de escola, times esportivos e muitos outros grupos, todos viajando por diferentes razões. O mesmo aconteceu em aeroportos e restaurantes, e praticamente em todos os lugares públicos por onde passei. Isso não foi coincidência. Durante esse período eu também me vi travando conversas profundas com as crianças sobre todo tipo de assunto. Para mim, as experiências em escala progressiva pareciam pura magia – e eu sabia que muito mais iria acontecer!

No início de 2006, tive a idéia de fazer um documentário sobre as Crianças de Hoje com base neste livro. Eu queria divulgar algumas das magníficas mensagens que as nossas crianças tão especiais traziam a este mundo. Um pouco antes de eu sair de casa para a minha excursão de verão, conheci Michael Shea, que estava produzindo um filme sobre o que acontece no período entre vidas. Como eu tinha ampla percepção multidimensional, ele me contratou como consultora para produzir os efeitos especiais do filme. Michael e eu tivemos uma longa conversa por telefone enquanto eu estava em Sedona. Estávamos planejando alguns eventos pré-produção que aconteceriam durante a filmagem. Enquanto conversávamos, eu contei a Michael sobre os orbes das crianças, que na época estavam conversando comigo, e sobre a minha idéia de fazer um filme sobre as crianças. Michael ficou muito entusiasmado quando contei as minhas experiências. Ele perguntou, "Por que não inclui o seu roteiro no meu?" Eu me empolguei! Eu realmente queria ajudar as pessoas a ver o que há por trás da ilusão da vida diária e também desejava que elas percebessem que essas crianças tão frágeis e extraordinárias não estão recebendo tudo de que precisam. E eis que surgia a oportunidade para fazer tudo isso! "Tudo bem!", respondi sem hesitar. Para encurtar a história, eu me tornei co-autora do roteiro de Michael. Planejamos até fazer uma seqüência.

As crianças não apenas influenciam a minha vida, como também estão me ajudando com o roteiro. Depois de falar com Michael pelo telefone, comecei a conversar telepaticamente com os orbes, as crianças que estavam flutuando no espaço à minha volta. Claro que elas tinham ouvido a conversa entre mim e Michael. Eu perguntei se elas me ajudariam com o roteiro. (Ainda não tinha me ocorrido a idéia de que essa era uma das razões por que os orbes tinham aparecido!) Mais tarde, eu me sentei ao computador e disse aos orbes infantis que aquele era o momento perfeito para conversarmos, pois agora eu poderia dar toda atenção a eles e digitar as mensagens para não esquecê-las. Eu queria registrar as mensagens por escrito. Perguntei aos orbes, às crianças, o que eles queriam que eu dissesse no livro e que fosse mostrado no filme. Eles começaram a me dizer, dividindo comigo a sua filosofia e observações sobre este mundo e o além. As crianças também me mostraram mundos de cenas mágicas que posteriormente incluímos no roteiro. Também lhes fiz perguntas sobre a espécie humana e outros assuntos. Eis aqui algumas das respostas que elas me deram:

Sobre a vida na Terra

- ✦ *Lembro-me de como as coisas eram antes de eu vir para cá. Todo mundo dizia a verdade e ninguém jamais se magoava.*
- ✦ *Nada na Terra é tão importante quanto todo mundo pensa. O que acontece aqui não tem muita importância. O que importa de verdade é o que existe na eternidade.*
- ✦ *Por que as pessoas não se lembram de como as coisas eram perfeitas? Elas ainda são, sabe?*

Sobre os relacionamentos

- ✦ *Eu gostaria que as pessoas vissem o que estão fazendo umas com as outras. Talvez assim elas aprendessem a se tratar melhor.*
- ✦ *Ser amor é bem diferente de pensar a respeito dele.*
- ✦ *Tantas pessoas parecem infelizes. Isso é porque elas não se lembram de quem realmente são...*

Sobre o tempo

- ✦ *Pense assim: e se ontem fosse agora e amanhã também? Isso não significaria que o agora é sempre? Ele é, sabe?*

Sobre a liberdade do eu

- ✦ *A noite passada achei que tinha sonhado que podia voar e então percebi que não estava sonhando coisa nenhuma e que na verdade eu podia voar.*

Quando a realidade de uma pessoa muda de maneira tão dramática, vale a pena usar o bom senso e fazer o que eu chamo de "verificação da realidade". Eu faço isso com freqüência, porque, para mim, a realidade tende a mudar freqüentemente! Então eu disse para os meus amiguinhos orbes que as suas formas órbicas eram fantásticas, e que eu também adoraria encontrar com eles em seus corpos físicos, se eles realmente estivessem ali. Eu nem sequer podia imaginar o que aconteceria em seguida!

William

Logo depois que pedi para encontrar as crianças ligadas aos orbes, uma nova cliente que eu ainda não conhecia marcou uma consulta comigo. As pessoas muitas vezes marcam consultas comigo por e-mail, porque eu tenho um boletim eletrônico mensal chamado "Mensagens Virtuais". Normalmente, eu não as conheço pessoalmente nem chego a falar com elas por telefone antes da consulta. Na hora marcada, o telefone tocou e havia uma mulher muito simpática do outro lado da linha. Ela começou a nossa conversa se desculpando. Disse que a consulta na verdade não era para ela, mas para o filho de 11 anos, que não falava e tinha outras deficiências físicas. A consulta fora marcada a pedido dele.

Quando ela começou a falar sobre William, comecei a perceber um burburinho no meu campo. Os orbes estavam muito agitados e, como eu nada podia fazer a respeito, ri alto. "Eu gostaria de saber", disse à mãe (sem mais nenhuma explicação), "se William é uma das crianças que estão falando comigo". E então ela começou a rir também. Disse que *ela* estava se perguntando se eu comentaria alguma coisa, pois o filho havia lhe dito que tínhamos acabado de conversar. Uau! UAU! Bem, eu tinha procurado, não tinha? Essa consulta de fato deu início a um relacionamento fascinante e carinhoso entre William, a mãe dele e eu, que continua até hoje.

Depois da nossa sessão, eu tive a presença de espírito de entrar em contato com os orbes que ainda voejavam em meu campo e perguntar "Qual de vocês é William?" Ele se identificou como o orbe salmão claro que estava logo acima da minha cabeça. A vida tinha ficado ainda mais estranha, mas estava começando a fazer sentido. Desde o nosso encontro decisivo, William e eu compartilhamos momentos muito especiais, que eu descrevo no Capítulo 9. A princípio, preferi só falar sobre os orbes com um grupo muito seleto, abrindo a consciência dessas pessoas para o fenômeno. No entanto, assim como aconteceu comigo, elas também começaram a viver a mesma experiência!

Dillon

A minha amiga Pam, uma talentosa agente de cura intuitiva e xamã, foi chamada para trabalhar com um menino que ficara muito doente depois que o furacão Katrina devastou a costa do golfo do México. Eu o chamarei de "Dillon". Dillon adoeceu gravemente depois que voltou ao seu bairro arrasado pelo furacão Katrina. Ele e outros membros da família dele haviam voltado ao bairro para ajudar os vizinhos e verificar as condições da casa onde moravam, que estava completamente arruinada. Enquanto caminhavam pela água contaminada das enchentes, a família presenciou com horror vários cadáveres flutuando pelas ruas. Uma semana depois da excursão da família pelo bairro, Dillon caiu de cama. Ele teve uma febre de mais de 40 graus e logo foi hospitalizado. Como Dillon continuava piorando e os exames médicos regulares não detectavam a causa da febre, um dos seus professores entrou em contato com Pam. Dillon era uma criança muito saudável antes da tempestade, e a sua doença era um mistério para todos os que tentavam cuidar dele. Ele logo entrou em coma e não conseguiu mais se comunicar normalmente.

Pam começou a conversar com Dillon telepaticamente, e ele respondeu. (Até aquela altura eu só tinha contado a Pam que eu tinha orbes no meu campo, mas não tinha revelado quem ou o que eles eram.) Pam se deu conta de que havia orbes no campo energético dela também, bem em frente à testa. Como Dillon começara a conversar com ela intuitivamente, ela perguntou se ele era um dos quatro orbes que ela havia percebido. Sim, claro que era! Quando ela perguntou a Dillon como eles se comunicavam, ele explicou que, quando nos comunicamos com o coração, damos ao outro a permissão de receber comunicações também. Basicamente, a comunicação com amor abre todas as portas que, quando fechadas, criam resistência ao nosso eu intuitivo. Dillon explicou que a única razão pela qual as crianças eram capazes de se transportar e se comunicar dessa maneira era o nível de pureza que existia nelas. Elas ainda eram inocentes e não tinham erigido defesas como a maioria dos adultos. Dillon explicou que, na forma esférica, a sua consciência podia viajar até pelas menores trilhas da criação sem perigo e sem se perder.

Dillon disse que ele não se sentia à vontade em seu corpo físico porque não podia se contrair e se expandir como estava acostumado a fazer em seu estado natural, quando tinha só um corpo de energia antes de vir para a Terra. Ele disse a Pam que estar aqui na Terra era sempre uma escolha e que ele podia viver ou não essa experiência. Dillon disse que tinha optado por não continuar a sua experiência terrena porque, como alma, não estava se expandindo em suas lições no ritmo desejado e então preferia continuar aprendendo e ensinando a partir do "outro lado".

Como agente de cura, o envolvimento excessivo com o cliente pode acarretar resultados indesejáveis. A compaixão vinda do coração é uma coisa, mas quando o agente de cura cruza essa linha, ele fica vulnerável e pode até interferir no trabalho de cura. Quando se trabalha com crianças, pode ser difícil manter essa neutralidade. Pam logo se apegou a Dillon, muito embora ela soubesse, como profissional, que essa não era uma boa idéia. Preocupada com isso, Pam perguntou a Dillon por que estava sendo tão difícil para ela evitar esse vínculo emocional com ele. A explicação do menino foi uma lição magnífica para ela: "Até agora", ele disse, "você não entendeu a extensão do trabalho que faz. Você tem um apego intelectual que não é verdadeiro. Você precisa abrir mão da necessidade de resultados. A vibração autêntica vem do coração e é uma alteração muito sutil. Agora você está aprendendo a diferença".

Dillon nunca mais recobrou a consciência e não demorou muito até que ele fizesse a sua passagem. Dillon conversou com Pam durante a sua transição. Quando Pam lhe perguntou sobre isso, ele disse, "O nível do efeito da consciência coletiva das pessoas atualmente na Terra vai contra as leis do universo, de toda a criação. A consciência coletiva passou a se basear nas emoções, que não têm nenhuma relação com criação ou destruição, exceto quando usamos a paixão para abastecer a nossa intenção de manifestar realidade. Um bom exemplo disso é a oração. Quando rezamos com todo o fervor do nosso coração e da nossa alma, as nossas orações são atendidas. Isso na verdade não é emoção. Trata-se de algo criado a partir do amor puro. As emoções não permitem que geremos energias de vibração superior, pois não estamos na nossa verdade. Tudo o que é mundano precisa partir de um ponto feliz. Assim como exercitamos o corpo, precisamos exercitar a divindade".

Pam estava boquiaberta. "Você é demais!", disse a Dillon.

E ele respondeu, "Existe um nível de consciência dentro de você que está além das emoções e se baseia em freqüências de luz, mas você o ignora e dá preferência ao que *aprendeu*. Você precisa começar a se equilibrar. Isso ajudará a mudar a ressonância da sua glândula pineal, que é onde se inicia o rio da vida".

Pam perguntou, "Por que eu, quando existem tantas outras pessoas com quem você poderia conversar?"

Dillon respondeu, "Pam, quando você começou a querer entender essas coisas que estão lhe acontecendo, você gritou o seu nome para o universo. Você pensou que estava clamando por Deus, mas *todos* nós somos Deus. Muitos de vocês podem nos ouvir agora. Vocês precisam ouvir porque podemos ajudá-los. Essas pessoas que estão despertando agora, que estão começando a se lembrar de quem são, só precisam se lembrar. Deixe de lado a sua auto-indulgência e pare de lamentar por mim; em vez disso, celebre comigo! Cuide dos meus pais. São eles que precisam de você agora. Olhe diretamente para os orbes que visitam você. A sua comunicação com eles começa no seu lobo temporal. Você se abriu para eles. Não se trata de uma mudança no DNA. A sua assinatura harmônica agora é um toque de trombetas pelo universo todo. Ao abrir mão desse modo de vida, eu optei por afetar toda a comunidade com a minha doença e a minha morte. Vidas foram transformadas para sempre, e todos os envolvidos agora têm a chance de optar pelo que querem fazer com essa experiência. Ela não afetou apenas a minha família; afetou amigos, vizinhos e toda a comunidade. Por exemplo, veja como o fato de me conhecer afetou você".

Aos poucos a comunicação com Dillon começou a diminuir, à medida que ele se afastava, a caminho de onde queria estar – e então ele se foi.

À medida que um número crescente de crianças entra em contato comigo, e com outros que também podem ouvi-las, mais fácil todos nós achamos o contato com elas. O processo é parecido com enviar uma mensagem e aguardar uma resposta, que é quase sempre imediata. A percepção que essas crianças demonstram é espantosa; é como se elas estivessem em sintonia com tudo, em todo lugar, o tempo todo.

Novos orbes surgem e desaparecem, e alguns deles permanecem com cada um de nós. Eles estão dispostos a expressar o que querem transmitir. Muitas dessas crianças afirmaram que o único propósito da vida delas é nos ajudar a nos lembrarmos do amor, de quem somos e do fato de que ser humano é muito mais do que a nossa humanidade.

As Crianças Cristalinas

Capítulo 4

O que você aprende do lado de fora não é importante. O que aprende no fundo de você é que conta a você a verdade.
– Katie, Cristalina, 6 anos

O que é uma Cristalina?

Por que chamar algumas crianças de "Cristalinas"? Todo mundo tem um campo energético, tanto dentro quando em torno de si, e à medida que vivemos, esse campo se expande e se contrai. As cores do nosso campo variam muito dependendo da nossa configuração energética, que, por sua vez, baseia-se nos nossos relacionamentos harmônicos. Cor é freqüência e freqüência tem som. Por meio dos relacionamentos gravitacionais e dos padrões energéticos, tudo o que emite som se agrega e cria, para cada um de nós, um conjunto exclusivo de relacionamentos harmônicos. Não existem dois exatamente iguais. Esses relacionamentos harmônicos são o que nos diferencia em toda a criação. No entanto, dentro desse conjunto harmônico, em qualquer pessoa, existem infinitas combinações de freqüências.

Os relacionamentos harmônicos das Crianças Cristalinas são muito diferentes. Elas carregam todo o espectro das cores. As pessoas que são capazes de ver campos energéticos (como eu!) contemplam padrões de energia, a maioria em belas tonalidades, como arco-íris magníficos e brilhantes de luz. Em vez de expandir e contrair, como o campo energético das suas antecessoras, o campo energético das Crianças Cristalinas faz um movimento de varredura, como os holofotes que vemos no céu à noite. Imaginem ter a capacidade de escanear os éteres com um conjunto completo de freqüências!

No meu livro *Pyramids of Light: Awakening to Multi-Dimensional Realities* (Spirit Light Resources, 2004), eu afirmei que energia é luz e a luz tem memória. Somos feitos de energia e, portanto, somos luz. A luz se propaga na forma de energia. Na maioria dos casos, a nossa energia, a nossa luz, se move numa progressão ordenada – do nível de freqüência em que ela é inicialmente emitida até o espectro de luz em movimento espiral – até se tornar, por fim, energia branca, ou perfeita. A luz branca contém um espectro completo e o mesmo se pode dizer da energia da Fonte – a energia de Deus: ela é perfeita.

O espectro cromático tem uma estrutura piramidal e contém uma energia que se move em espiral. A freqüência da base da pirâmide – e da parte mais larga da espiral – é vermelha. Como as suas revoluções são longas e lentas, essa freqüência emite um som de tom muito baixo. Se despendermos energia começando pela freqüência da base, essa energia subirá ao longo de toda a espiral, passando por todo o espectro de cores, até se tornar cada uma dessas freqüências. A energia passa pelo vermelho, pelo laranja, pelo amarelo, pelo verde, pelo azul, pelo roxo, pelo branco e por todas as cores intermediárias. Não há dúvida de que as cores dos nossos chakras correspondem exatamente à trajetória das freqüências energéticas!

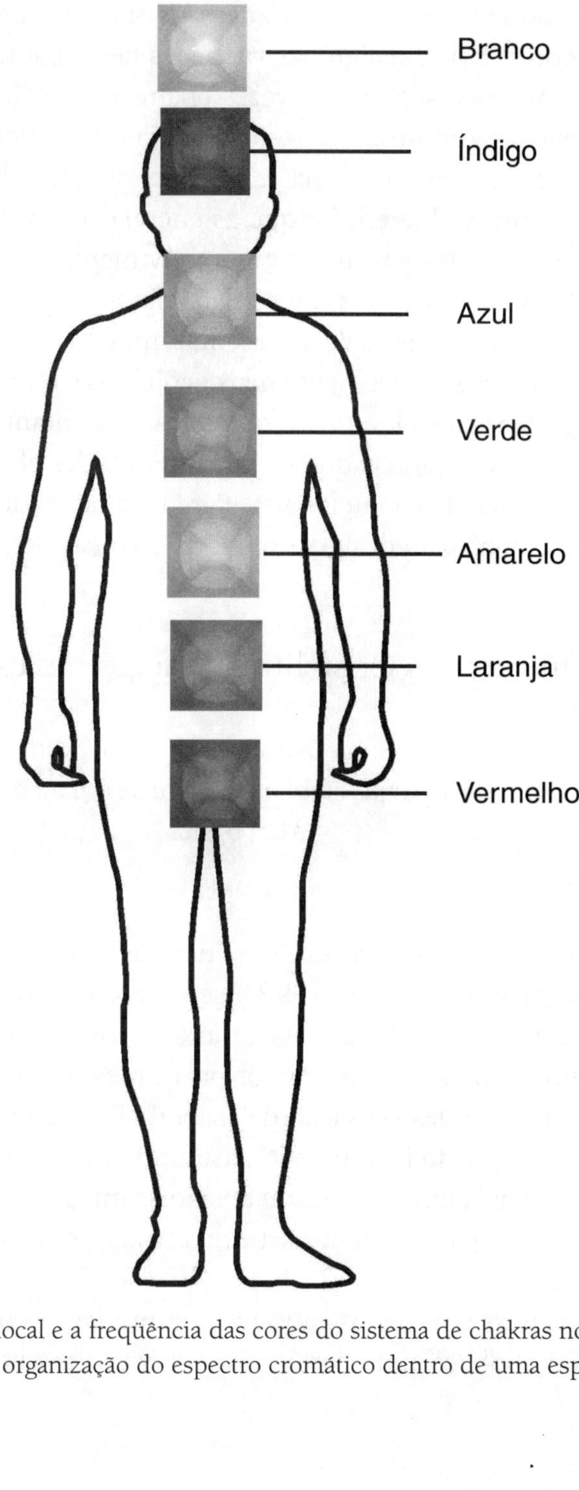

Figura 4. O local e a freqüência das cores do sistema de chakras normal são idênticos à organização do espectro cromático dentro de uma espiral.

O campo energético das Crianças Cristalinas contém todo o espectro de cores. Existem algumas variações nesse padrão, e as crianças que as demonstram são muitas vezes chamadas de Crianças do Arco-íris ou Crianças Arco-íris. Existem algumas diferenças sutis entre o campo energético das Cristalinas e das Arco-íris, mas em essência eles são iguais. A única diferença é que as energias das Cristalinas são extremamente vibrantes em suas cores e movimentos, enquanto as energias das Arco-íris são um pouco mais claras em intensidade e têm tonalidades pastéis, além de apresentar movimentos mais sutis. As Crianças Arco-íris são levemente mais evoluídas e têm padrões energéticos um pouco mais elevados e refinados. No entanto, elas estão tão relacionadas às Cristalinas que eu considero todas elas como parte de uma única tendência evolucionária. Para facilitar a leitura, usaremos o termo "Cristalina" para designar todas as crianças dessa categoria.

O que faz das Cristalinas crianças tão especiais?

Lembro-me de quando o tempo não existia.
Eu gostava porque nunca havia hora de ir para a cama!
– Alec, 6 anos

As Crianças Cristalinas são uma novidade na Terra. Elas começaram a chegar em 1997 ou 1998. Isso faz com que as mais velhas tenham em torno de 10 anos. As Crianças Cristalinas muitas vezes se comunicam telepaticamente com os pais, antes de nascer, por meio de sonhos ou da simples sensação de "saber". Essa sensação geralmente quem tem é a mãe do futuro bebê cristalino, que muitas vezes se apresenta pelo nome a um dos pais ou aos dois, antes de ser concebido. As Crianças Cristalinas também costumam trazer outras mensagens aos progenitores.

As Crianças Cristalinas causam uma mudança energética quando nascem. Eu conheço uma parteira que já viu luzes no quarto no momento do nascimento dessas crianças. Às vezes essa mudança é tão brusca que pode causar uma sensação temporária de desequilíbrio nas pessoas que estão no mesmo ambiente. Imediatamente depois do nascimento, os bebês cristalinos são geralmente muito calmos e alertas. Com olhos que parecem carregar a sabedoria dos anos, eles olham tudo em torno deles devagar e deliberadamente, e causam uma sensação de poder e paz naqueles que os observam. Eles são extremamente "presentes" e muitas vezes deixam em todos os que os circundam a impressão de que trouxeram algo de muito especial ao mundo. E de fato trouxeram!

As Crianças Cristalinas geralmente (mas nem sempre) têm olhos muito azuis. Em muitos casos, de uma tonalidade que eu chamo de azul-glacial. São as crianças que olham para nós, quando estamos na fila ou nos corredores do supermercado, com um olhar de puro reconhecimento. São aquelas que elevam o nosso ânimo quando nos reconhecem e nos prendem com um olhar que toca o fundo da nossa alma, como se fosse uma lembrança. Quando somos atraídos pelo olhar de uma Criança Cristalina, ele nos transmite um conhecimento essencial que está além do tempo e do espaço, e geralmente temos dificuldade para desviar o olhar. Algumas dessas Crianças Cristalinas já nasceram quase plenamente realizadas. Em outras palavras, elas estão totalmente em contato com os mundos etéricos além desta dimensão e têm um domínio impressionante da intuição, do sexto e até do sétimo sentidos. Elas logo percebem que poucas pessoas conseguem compreendê-las.

Quando bebês, as Cristalinas (como a maioria das crianças) são tratadas pela família e cuidadores com brinquedos tolos e um palavreado infantil. Esses seres frágeis logo se retraem em seu mundo interior, onde se comunicam e interagem com planos que estão além da terceira dimensão.

Encontros afetuosos, diálogos silenciosos

Os bebês cristalinos muitas vezes estendem os bracinhos para nós como se nos conhecessem. Eu estava, um dia, num supermercado de

Sedona, quando vi uma menininha no mesmo corredor, sentada na cadeirinha do carrinho de compras. Ela era um lindo bebê, com cabelinhos louros e delicados e os olhos mais azuis que já vi. Devia ter 10 ou 11 meses de idade. A mãe estava ocupada olhando sapatos.

Quando a garotinha me viu, eu ouvi um "Oi!" telepático. Eu sorri e respondi ao cumprimento. Ela então começou a conversar comigo telepaticamente e, enquanto isso, estendeu a mãozinha para mim e agarrou a minha mão – sem querer soltar mais. Então fiquei simplesmente ali com ela. Telepaticamente eu lhe disse que me lembrava dela também. Ela deu um sorriso de orelha a orelha e então disse que estava muito entediada e que não se encaixava muito bem naquele corpo. Contou que estava se sentindo presa porque no lugar de onde viera ela era muito mais "solta". Imagine só! Ela estava descrevendo onde vivia antes de vir para a Terra! Nós continuamos a nossa conversa silenciosa até que a mãe encontrou o que procurava. Quando ela se preparava para empurrar o carrinho para outra parte do supermercado, não pareceu notar a interação silenciosa entre a garotinha e eu, pois parecia que estávamos apenas olhando e sorrindo uma para outra. A garotinha se recusava a soltar a minha mão. Depois de alguns agrados, consegui me libertar dos seus dedinhos. Enquanto nos distanciávamos, ela me observava de cima do carrinho. Quando a minha amiguinha e a mãe estavam a ponto de entrar em outro corredor, o bebê se inclinou para trás e olhou para mim sorrindo. A sua mensagem era: "Vejo você depois!" Esse tipo de interação é muito comum entre as Cristalinas. Elas se comunicam muito bem por telepatia, quando paramos para ouvi-las.

Eu estava pouco tempo atrás numa festa na casa de uma amiga. Eu havia chegado atrasada e todos já estavam acomodados pelos vários cômodos da casa, prontos para jantar. Quando olhei em volta à procura de um lugar para me sentar, notei que havia um no jardim-de-inverno e segui direto para lá. Quando me sentei, reparei que estava ao lado de uma garotinha sentada no colo da avó coruja. A princípio ela estava de costas para mim, enquanto brincava com o avô, na cadeira ao lado. Ela era miúda, tinha feições perfeitas e cabelinho fino e castanho.

Tinha a energia travessa de um pequeno elfo. Ela não tinha as formas roliças que os bebês costumam ter, por isso se parecia mais um adulto em miniatura. Enquanto a observava, pude sentir o campo energético dessa criança encantadora. A força dela era monumental e se dirigia diretamente ao meu campo pessoal. Em silêncio entrei em sintonia com o bebê e, de repente, como se eu tivesse dado um tapinha em seu ombro, ela se virou. Olhou diretamente para mim, com os seus olhos muito azuis, e disse "Oi!" telepaticamente.

"Oi para você também", respondi.

A nossa interação durou por volta de dez minutos. Tivemos uma conversa maravilhosa sobre como nos lembrávamos uma da outra e como ela estava adorando toda a atenção que estava recebendo de todo mundo. Mas ela gostaria que as pessoas conversassem com ela sobre assuntos mais importantes e parassem de falar com ela naquela linguagem infantil que os adultos costumam usar quando falam com bebês. Nós duas rimos alto e para muitos na sala pareceu que estávamos tendo um debate só com o olhar. Na verdade, a nossa interação deixou a avó cautelosa muito pouco à vontade. A certa altura ela disse que a neta só tinha 6 meses e não sabia que era falta de educação encarar as pessoas. Arrancada do meu devaneio com a minha mais nova amiguinha, fiquei pasma. Um bebê, mal-educado? Dá pra imaginar? Se ela soubesse da nossa conversa! Eu ri por dentro quando percebi que a avó tinha muito que aprender com essa garotinha. Não me admira que essa criança superdotada tivesse escolhido essa família!

Quando a minha neta tinha em torno de 1 ano e meio, ela passou algum tempo na minha casa. Evidentemente, eu estava felicíssima por poder passar um tempo sozinha com ela. Um dia, sentamo-nos as duas no chão para brincar com blocos gigantes de Lego. Ficamos em silêncio e só nos comunicamos por telepatia. Quando ela olhava para mim, eu a ouvia dizendo, "Quero aquele azul ali" (ou qualquer outra cor que ela quisesse), e eu passava para ela o bloco. Então era a minha vez e eu dizia a ela com a mente qual bloco eu queria. Então ela me passava o bloco correto sem dizer nada. Fiquei tão empolgada que mal podia me conter. A brincadeira durou em torno de meia hora.

Eu ia ficando cada vez mais eufórica à medida que o tempo passava e mantínhamos a nossa comunicação silenciosa, mas perfeita. Então comecei a imaginar todas as possibilidades que a minha neta carregava dentro dela. E foi aí que perdi o foco. Estendi a mão, peguei um bloco ao acaso e entreguei a ela. Pela primeira vez desde que havíamos nos sentado ali ela disse, "Memaw, não é esse. Eu te disse o que eu queria". O som da voz dela me sobressaltou depois de tanto tempo em silêncio – ela realmente me colocou no meu lugar! Eu tive de rir e lhe passar o bloco correto.

Dons e pesares

As Crianças Cristalinas são extremamente intuitivas e conscientes dos seus sentimentos. Elas também são excepcionalmente sensíveis à energia; sentem tudo de quem está à sua volta: a energia das emoções, a intenção das pessoas, as motivações, tudo. Na maioria das vezes, elas sentem o que sentimos antes de nós mesmos! Também tendem a ser empáticas, o que significa que elas literalmente sentem a dor das outras pessoas, seja emocional ou física. Por causa disso, elas levam a paz aonde quer que vão. Quando as outras pessoas se magoam, elas também se magoam, por isso fazem o possível para manter o equilíbrio nos relacionamentos e no ambiente em que estão. Conflitos são extremamente destrutivos para essas crianças, por isso elas fazem tudo o que estiver ao seu alcance para evitá-los.

Por causa dessa sensibilidade, as Cristalinas têm tendência para ficar subitamente doentes, muitas vezes com febre alta ou doenças estranhas que parecem não fazer sentido para os médicos. Isso acontece porque elas não estão simplesmente conscientes do que acontece à volta delas, mas vivenciam tudo na própria pele. Quase todos os sentimentos que têm são profundos. Como muitas crianças não são reconhecidas pelo que são, elas ou são ignoradas ou tratadas com condescendência, e acabam reprimindo os seus sentimentos. A dor que sentem então se manifesta fisicamente, na forma de doenças inexplicáveis, pois elas absorvem muito mais do que aquilo com que podem lidar.

Uma coisa boa é que eu tenho visto que muitas dessas crianças têm um poder inato e impressionante para a cura, que é instantânea e sutil. E elas fazem isso naturalmente – sem uma palavra, apenas um toque suave ou às vezes apenas com o olhar. Algumas delas podem desencadear uma cura espontânea e imediata apenas com um olhar. Um bom exemplo disso é descrito no trecho do e-mail abaixo, que recebi da avó de um menino cristalino.

> Eu presenciei Michael fazendo uma cura quando tinha 1 ano e meio de idade. A minha nora tem uma família grande (...) Uma tia-avó dela que mora na Califórnia estava fazendo uma visita. Ela tinha sofrido um acidente algum tempo antes e machucado o ombro, que acabou precisando de uma cirurgia. A irmã dela (a outra avó de Michael) estava massageando o ombro da tia enquanto Michael e eu brincávamos do outro lado da sala. Não havia nenhuma indicação de que ele estava prestando atenção ao que elas faziam. Quando a massagem acabou, Michael se aproximou deliberadamente da tia e, com uma intenção bem definida, deu uma batidinha com a mão pequenina no local da cicatriz. Voltou a fazer isso mais duas vezes para concluir afetuosamente a sua cura. A outra avó e a tia contemplavam maravilhadas. Eu sorri, consciente de que tinha presenciado esse pequeno alemãozinho (ele tem cabelos louros cacheados) fazendo exatamente o que veio fazer aqui.

Lembranças de dons e de outras vidas

Outras crianças têm demonstrado uma compreensão impressionante da arte de manipular energias. A minha neta mostrou essa lembrança de maneira notável. Numa ocasião, quando a música começou a tocar, foi como se tivéssemos ligado um interruptor. Automaticamente, os olhos dela se fecharam e ela começou a mover as mãos devagar, de maneira fluida e intencional, como se estivesse oferecendo uma prece. Quando juntou as mãos, o seu corpo começou a se mover no ritmo da música. Então ela dançou com tanta graciosidade que nem parecia pertencer a esse mundo. A sua coordenação era muito mais desenvolvida do que aquilo que consideraríamos o desenvolvimento "normal" de uma criança pequena. Era pura magia. Enquanto dançava, começou a mudar e a fluir com a energia do seu corpo e do ambiente, enquanto o seu corpinho se movia com fluidez, como se fizesse parte do vento e das correntes da criação. Era a coisa mais linda que eu já tinha visto! Ela parecia ter um conhecimento inato de algo que parecia t'ai chi. Quando se movia, era como se observássemos a graciosidade em pessoa. Todos em volta ficaram fascinados. Estranhos e amigos pararam o que estavam fazendo para observá-la, e as conversas se interromperam. A pequena Mestra parecia se *transformar* em energia, enquanto as suas mãos e o seu corpo se moviam com elegância, deliberadamente, e com uma demonstração de unidade raramente vista na Terra. Era a verdade natural, imaculada, em movimento. Quando ela concentrava energia com as mãos e o corpo, comandava-a delicadamente, fazendo-a se mover e se transformar, e todos à sua volta podiam sentir a mudança.

Em outra ocasião, houve uma festa ao ar livre durante um feriado. Havia uma banda tocando e centenas de pessoas perambulando pelo parque. Começou a chover forte e todo mundo correu para procurar um abrigo. Todos exceto a pequena Mestra, que mais uma vez juntou as mãos, fechou os olhos e, do ponto de observação privilegiado onde eu estava, tornou-se uma parte intencional da música, da chuva, da Terra e do céu. Ela dançou ali sobre a colina, encharcada pela chuva, esquecida de tudo e de todos! Observando-a, era como se ela tivesse se transportado para outro lugar e tempo. Foi um momento tão belo que eu fiquei ali parada, chorando. E onde estava a minha câmera quando eu precisava dela?

As Crianças Cristalinas obedecem ao coração. Têm uma imensa compaixão e um arraigado senso de justiça. Elas parecem sempre ver o bem comum de todos em suas motivações. Por outro lado, quando são desrespeitadas, ficam absolutamente indignadas. Não conseguem entender por que alguém as trata de outro modo que não seja com respeito e compreensão. E tomam qualquer afronta de maneira muito pessoal. As Cristalinas parecem se sentir pessoalmente responsáveis pelos sentimentos das outras pessoas, e abrigam esses sentimentos bem dentro de si. Elas também são socialmente conscientes e demonstram uma compaixão que está muito além da sua idade.

Eu conversei com uma mãe recentemente que quis me contar algumas histórias sobre os seus maravilhosos filhos. Margi reconheceu os dons dos filhos quando eles eram bem pequenos e começou a registrar tudo num diário. Ela me perguntou o que eu precisava para as minhas pesquisas e eu disse que o que eu mais precisava eram descrições dos dons extraordinários das crianças, histórias sobre como elas viam o mundo e descrições das coisas profundas que diziam e faziam e que estavam além das experiências costumeiras das crianças. Margi começou a me contar, então, uma história incrível sobre o seu filho Peter. Um dia ela recebeu um telefonema da escola e ficou sabendo que estavam fazendo uma campanha de doação de alimentos. Ela então disse que, claro, poderia colaborar, mas a diretora retrucou, "Ei, você não entendeu o que estou dizendo: foi Peter quem começou essa campanha!" Margi ficou boquiaberta, pois Peter tinha apenas 11 anos na época. Quando Margi comentou com Peter sobre a campanha, ele explicou que, segundo a sua filosofia, embora a sua família e a da maioria dos colegas de escola tivessem tudo de que precisavam, muitos não tinham, e se todo mundo dividisse o que tinha todos seriam beneficiados!

A minha neta de 6 anos telefonou para a minha casa uma tarde para me contar que havia escrito um bilhete para a professora. Eu a elogiei, achando que ela estava sendo amável como sempre. Então ela explicou que havia escrito o bilhete porque notara que a professora estava estressada porque tivera um dia difícil na escola. Aparentemente um grupo de crianças da classe se comportara mal, pois não prestava atenção na aula e era muito indisciplinado. A professora obviamente perdera a paciência. A minha neta contou que ela rira quando entregou o bilhete e então a professora riu também e ficou mais calma. O bilhete tinha um grande propósito: havia trazido leveza e bom humor à situação e transformado a energia do ambiente, dissipando a tensão e deixando a atmosfera mais leve. Esse tipo de comportamento é típico das Crianças Cristalinas.

As Crianças Cristalinas são socialmente perceptivas e conscientes. Elas são, sem sombra de dúvida, pacificadoras. Têm um desenvolvido senso de justiça que geralmente vem acompanhado de sabedoria e maturidade. Elas geralmente colocam tudo isso em prática sem a orientação ou estímulo dos adultos, conquistando a admiração de todos!

Embora não sejam tão comuns, a psicocinese (mover objetos com a mente) e o teletransporte (desaparecer de um lugar e reaparecer em outro) são outros dons que as Crianças Cristalinas ocasionalmente exibem. Eu recebi um e-mail de uma avó cuja filha, uma jovem mãe, teve um bebê em casa. O que ela me disse é absolutamente espantoso. Os pais colocaram o bebê no berço à noite e foram para cama. No meio da noite, eles acordaram e encontraram o pequenino aninhado entre eles! Nenhum dos dois pais havia saído da cama durante a noite! O bebê se teletransportou para a cama dos pais sem a ajuda de ninguém!

Quantos de nós tínhamos amigos invisíveis quando éramos pequenos? Ou já observamos os nossos filhos conversando com os deles? Será que se trata apenas de imaginação ou existe algo mais por trás disso? A maioria das crianças sobre as quais comentamos neste livro são capazes de ver "através dos véus". Isso significa que a percepção delas não se restringe a esta dimensão ou à realidade local (quando digo "local" me refiro ao aqui e agora da terceira dimensão). De vez em quando encontro crianças e ouço os pais, professores e responsáveis contando histórias sobre as interações maravilhosas das Crianças Cristalinas com os seus "amigos invisíveis". A verdade é que esses amigos só são invisíveis porque a mente mediana não é aberta o suficiente para ver o que essas crianças podem ver.

Uma garotinha que eu conheço começou a conversar com anjos quando tinha um pouco mais de 1 ano. Em muitas ocasiões ela apontava para algum lugar da sala (geralmente o teto) e dizia, "Tem um anjo ali e é uma menina. Tem outro lá e é um menino. Eles estão aqui olhando por nós". Muitas vezes havia vários anjos presentes. As visões prosseguiram até que um dia a mãe dela, assustada com os dons da filha, desestimulou-a dizendo que os anjos não existiam de verdade. A menininha respondeu, "Eles existem, sim! Eu consigo vê-los e eles me vêem também!"

Outras crianças podem ser vistas e ouvidas conversando com vários seres extrafísicos. Algumas delas falam línguas que não pertencem a este planeta. Na verdade, em várias ocasiões, já testemunhei duas ou mais crianças superdotadas conversando em línguas extraterrestres! É como se elas tivessem se reconhecido de um outro tempo e lugar e passado a usar novamente a língua com que se comunicavam. Uma mãe me mandou esta história maravilhosa por e-mail:

> Eu lhe enviei fitas de vídeo e informações sobre a minha neta, Malia, que fará 4 anos no dia 25 de setembro. Já tentei falar com ela sobre os seus amigos imaginários (Ah, tenho certeza de que os tem!). Perguntei de onde vieram e ela disse que eles morreram e vieram do céu. Ela tem dois com quem conversa mais – Donna e Hebee. Ela sabe histórias sobre todos eles, sobre os pais e as famílias... Eles estão sempre conosco na casa dela ou na minha, quando ela está aqui. Eu ajo como se soubesse que estão lá e os visse, e converso com eles também.

As Crianças Cristalinas geralmente vêem e ouvem os seus guias etéricos como se eles vivessem na terceira dimensão. Além da interação dessas crianças com outros planos, elas têm um conhecimento profundo da vida e da existência. São mais sábias do que podemos imaginar. Essas crianças não se acham diferentes dos Mestres e guias que vêm até elas. E, para elas, isso não é nada demais, pois lhes parece uma coisa normal. Uma das minhas histórias preferidas a esse respeito é a do garotinho que corre para o quarto dos pais à noite para contar, muito excitado, que Jesus havia acabado de aparecer para ele e explicado em detalhes como o universo funciona. A mãe do garoto, empolgada, pergunta o que Jesus havia lhe dito e só então percebe que o filho tinha voltado instantaneamente a dormir! Não, não fora um sonho – e a experiência toda não tinha sido grande coisa para o menino, pois ele vivenciava esse tipo de experiência o tempo todo. A mãe ficou meio desapontada!

Eis outra grande história sobre uma mãe da Nova Zelândia. (Eu tive o prazer de me hospedar na casa dela durante o período em que dei um curso na Nova Zelândia, e adorei conhecer a sua filha.)

> Um dia eu estava passeando com ela e vimos um lindo arco-íris. Ela pulou do carrinho e disse, cheia de alegria, "Olha, mamãe, é a promessa de Deus!" Outro dia estávamos brincando em casa com argila, quando ela olhou para mim e disse, "Sabe, mamãe, Deus não é nem homem nem mulher. Deus é uma grande bola de luz e, quando você nasceu, ele pegou um pedacinho dessa luz e deu a você". Esta é a minha história favorita: eu estava aprendendo um novo método de massagem com padrões de energia numa série de cursos de fim de semana. Uma das nossas atividades era entrar em contato com o nosso animal totêmico e fluir com essa energia. Eu me vi me ligando a uma águia. Mas havia algo errado. Eu não conseguia levantar as minhas asas. Não conseguia voar. Isso me incomodou e eu comecei a me perguntar o que estaria me impedindo de alçar vôo. Era como se houvesse algo prendendo os meus braços. Eu consultei a minha professora e decidimos fazer uma sessão de cura para saber o que poderíamos fazer a respeito. Durante a sessão, eu percebi que realmente tinha uma energia negativa me prendendo. Foi preciso um trabalho muito poderoso e eu tive de literalmente comer Udi (cinzas sagradas) para eliminá-la. Tanto eu quanto a minha professora sentimos que ela se foi. Estávamos ambas felizes com o resultado da sessão e concorda-

mos que eu deveria pôr para tocar uma fita com cânticos antigos para ajudar a purificar a minha casa também. Eu acho que os cânticos eram em sânscrito. Não sabia o significado das palavras. Naquela noite, quando eu estava pondo a minha garotinha na cama, coloquei a fita para ela ouvir. Geralmente, na hora de ir para a cama, ela fica alerta durante bastante tempo e demora a dormir. Eu levei um susto quando ela parou de mexer no ursinho de pelúcia e de repente começou a cantar a música. Ela sabia as palavras perfeitamente! Cantou com os olhos parados, mas com uma expressão de paz. Eu estava sentada ao lado dela com o queixo caído de espanto, quando ela de repente parou, olhou bem nos meus olhos e disse, "Mamãe, você conseguiu as suas asas agora. Pode voar". Ela piscou, curvou-se para a frente e cochichou, "Como eu!" Ela então se ajeitou e caiu num sono profundo e tranqüilo, enquanto eu tentava me recompor do susto.

A clarividência não se restringe aos anjos e aos guias etéricos. Como têm consciência de outras dimensões, algumas dessas crianças são capazes de se comunicar com qualquer plano da existência. Lembra-se de quando éramos crianças e achávamos que havia monstros no nosso quarto? Quando a mamãe ou o papai tinham de vir e fechar o guarda-roupa, fechar as cortinas de modo a cobrir todas as janelas e olhar embaixo da cama para nos assegurar de que não havia nada no nosso quarto conosco? Pouco tempo atrás ouvi várias histórias de crianças que têm medos aparentemente irracionais à noite com relação ao quarto delas ou a outros cômodos da casa. O número de pequeninos que passam por isso vem crescendo, porque cada vez mais crianças nascem com essa consciência superior. Elas são conscientes não só desta realidade como de outras; vêem e sentem outros mundos, seres extrafísicos e realidades alteradas; e sabem coisas que não poderiam ter aprendido ou ouvido em parte alguma. É melhor prestarmos atenção nelas! Elas realmente sabem o que estão falando. Só porque a maioria dos adultos não vive essas experiências isso não significa que sejam menos reais.

Por causa dos seus dons, as Crianças Cristalinas também não pensam da mesma maneira que outros seres humanos. Elas pensam, isto sim, da mesma maneira que a energia delas se movimenta – holograficamente ou de modo compartimentado, interagindo com as outras pessoas e com o ambiente como esponjas vivas. As informações são absorvidas e aplicadas nos compartimentos da mente que lhes são mais relevantes. Quando fragmentos de informação que parecem não fazer sentido são captados pela sua percepção, essas crianças automaticamente os armazenam para consultá-los futuramente. Quando descobrem outra peça do quebra-cabeça, elas a armazenam também, até conseguir montar a figura inteira.

Por causa dessa maneira diferente de processar informações, uma grande quantidade de crianças é mal-compreendida. Muitas delas são dopadas com Ritalin para ficarem mais calmas e se concentrarem mais. Medicamentos não são a solução. O fato é que não estamos criando essas crianças de um jeito que leve em conta o nível de percepção que elas têm. Em vez disso, estamos tentando confiná-las aos limites das expectativas sociais, com base em normas que não se aplicam nem podem se aplicar a elas. É hora de mudar. Temos de seguir paradigmas novos e diferentes para poder estimular os dons dessas crianças.

Muitos pais e cuidadores me procuram para ajudá-los com crianças que não se encaixam com facilidade no ambiente em que vivem. Geralmente descubro que as crianças têm campos energéticos prejudicados ou totalmente diferentes, por causa de sua extrema sensibilidade, e muitas vezes são as pessoas com quem convivem que provocam os problemas – simplesmente pela falta de consciência. Depois que eu trabalho com as famílias, conscientizando-as e ensinando-as a apoiar a criança superdotada, a maioria dos pais pára de pressioná-la para que se encaixe em moldes prontos e limitados, e todo mundo se sente melhor. Normalmente, isso acontece porque os pais finalmente percebem que não há nada de errado com o filho; ele é apenas um ser que possui um dom e que tem muito a oferecer ao mundo! Livres da pressão, as crianças se sentem livres para ser o que são e começam a expressar ainda mais os seus talentos.

As crianças descritas neste livro não estão preparadas para se enquadrar em regras sociais predeterminadas – na verdade, elas nem podem se enquadrar. As drogas não vão mudar o que elas são; só vão entorpecê-las e impedi-las de perceber as suas diferenças. Com o tempo, elas ficam desestimuladas e param de usar os seus dons. Muitas delas começam a esquecer esses dons quando são forçadas a concordar com o que é "normal". Em pouco tempo, elas fecham as portas para outras realidades e ficam como as outras crianças. Nos casos piores, esse tipo de opressão pode causar problemas futuros, quando as crianças ficam mais velhas. Elas podem sentir depressão, achar que não têm valor ou que são insignificantes, ou passar a achar que nada está certo no nosso mundo. Temos de nos lembrar de que, nos nossos novos processos evolucionários, não há nada que seja "normal". A própria idéia de realidade está inextrincavelmente ligada à perspectiva da pessoa que a vivencia. Quando os pais, os professores ou os cuidadores têm uma idéia muito rígida do que seja normal, elas têm poucas chances!

As Crianças Cristalinas pensam com tanta rapidez que muitas vezes é difícil acompanhá-las enquanto saltam de assunto em assunto. Elas são hiperperceptivas – sentem tudo profundamente e reagem com a rapidez de um raio. É impossível enganá-las. Uma tarde, quando a minha neta tinha 5 anos, estávamos tendo uma conversa séria. Enquanto conversávamos, algo me preocupou por um momento. Algo do lado de fora da janela chamou-me a atenção. Enquanto isso, a minha doce garotinha estava tentando me perguntar algo que para ela era muito importante. Quando voltei a prestar atenção nela, os seus olhos azuis cristalinos estavam fixos em mim, com um ar de quem diz, "não há nada que você possa esconder de mim". Preocupada, eu respondi à pergunta com o tom de voz reflexivo, típico dos adultos, em vez de perceber o que estava em meu coração e falar o que estava sentindo. Às vezes, é muito mais fácil para um adulto dar uma resposta simples do que uma longa explicação. A minha neta disse, "Você não me disse a verdade. Eu vi o que passou pela sua cabeça e pelos seus olhos!" Tinha sido pega e me senti um pouco constrangida. Ela estava absolutamente certa. Eu me desculpei e disse a ela o que estava realmente sentindo. Não voltarei a fazer isso novamente!

As Cristalinas geralmente demonstram um equilíbrio entre os lados direito e esquerdo do cérebro. Elas costumam ter uma inteligência brilhante e abordam as questões com um senso de justiça verdadeiro e com absoluta sinceridade. Elas não têm muita paciência com o raciocínio linear, porque compreendem o quadro todo instantaneamente, sem precisar conhecer todos os detalhes. Também costumam fazer observações profundas nas situações mais imprevisíveis. Eis aqui alguns exemplos das crianças que eu conheço:

- *A vida não é sobre objetos e coisas assim. É sobre nos amarmos e amarmos as outras pessoas o máximo que pudermos.*
- *Eu queria que as pessoas conseguissem entender que, quando ficam fora de si ou felizes ou tristes, elas estão na verdade compartilhando esses sentimentos com todos à volta dela. Sentimentos são energia e a energia se movimenta.*
- *Se Deus está em mim, então eu devo ser Deus também. Isso significa que sou na verdade o mestre de toda a minha criação!*

As circunstâncias normais de sala de aula são um grande desafio para as Cristalinas, primeiro porque esperam que elas fiquem sentadas em silêncio e aprendam de acordo com os métodos tradicionais. Como isso lhes parece impossível, elas acabam criando problemas com as outras pessoas por pura frustração. Elas são pensadoras conceituais e têm a capacidade de captar informações em bloco, sem precisar receber instruções palavra por palavra. Lembre-se, elas têm consciência de tudo e de todos. Já têm um vasto arsenal de informações que a maioria de nós não tem. Além disso, o ambiente da maioria das escolas ainda é muito institucional, não importa o tipo de decoração que tenham nas paredes. Para essas crianças, os ambientes institucionais são hostis e pouco convidativos. Por fim, como têm capacidade para realizar várias tarefas ao mesmo tempo, as Crianças Cristalinas podem parecer muito dispersas. Elas saltam de uma atividade para outra e nem sempre concluem uma antes de iniciar outra. Tendem a deixar um rastro de brinquedos e outros objetos por onde passam, quando outras coisas desviam a atenção delas. A dificuldade para acompanhar o ritmo dessas crianças pode deixar pais e professores enlouquecidos!

A alimentação é outro problema. As Cristalinas tendem a comer como passarinhos. Elas gostam de "lambiscar", ou seja, comer bocadinhos a intervalos freqüentes, e não costumam se sentar à mesa para fazer com outras pessoas uma refeição completa. Um jantar constituído de entrada, prato principal e sobremesa é muitas vezes demais para elas e pode até deixá-las doentes. Muitas dessas crianças são difíceis de agradar à mesa. Elas parecem saber do que precisam. Discutiremos esse assunto num capítulo posterior.

Lembranças de vidas passadas e de "casa" são uma constante entre as Crianças Cristalinas. Uma hora ou outra, quase todas elas expressam o desejo de "ir para casa". Os pais delas lhes dizem, "Mas, meu amor, você *está* em casa", e as crianças garantem aos pais que, na verdade, *não* estão. Uma mãe perguntou ao filho o que ele se lembrava de "casa", depois de ouvi-lo perguntar muitas vezes quando voltaria para lá. Ele disse, "O que eu me lembro mais é de que eu era livre!" Outra criança disse ao pai terreno, "Eu me lembro do meu pai de verdade – ele nunca morre".

Quando estudamos metafísica, lemos e ouvimos em muitos lugares que somos nós que escolhemos os nossos pais e a vida que teremos. Muitas vezes nos perguntamos se essa informação é verdadeira ou se se trata da versão fantasiosa de alguém do que seja a realidade espiritual. No entanto, depois de passar muitas horas com essas crianças, eu não tenho nenhuma dúvida de que há alguma coisa fantástica aí. Uma das minhas citações preferidas das Crianças Cristalinas é de Christina, uma garotinha meiga e especialmente talentosa que disse quando era bem pequena: "Quando eu estava escolhendo a minha nova família "lá em cima", eu vi muitas pessoas, mas eu sabia que vocês eram pessoas legais, então escolhi vocês!"

Eu conheço a mãe dessa garotinha e ela estava certa!

Nicholas

Figura 5. Nicholas.

(Nicholas Tschense foi quem escreveu o prefácio a este livro. As idéias e a beleza desse menino irradiam do coração dele para a humanidade, e eu fico muito honrada com a graça de ter nestas páginas as suas palavras. Todos os textos de Nicholas são reproduzidos com a autorização dele e da família, que detêm todos os direitos autorais dos trabalhos do filho.)

Nicholas entrou na minha vida na mesma época em que os orbes começaram a chamar a minha atenção. Enquanto eu fazia pesquisas na Internet, uma série de *links* sincrônicos me levaram à página dele. A referência a esse site não estava no lugar em que eu esperaria encontrá-lo e isso chamou imediatamente a minha atenção.

Quando cliquei no *link* a primeira coisa que vi foi a fotografia de Nicholas. O que eu vi, ou que senti, foi uma criança cheia de amor e encantamento. Ele cativou no mesmo instante o meu coração! Era como se Nicholas e eu nos conhecêssemos desde sempre. Por e-mail e pela mãe dele, Susan, logo ficamos amigos.

O meu amigo Nicholas é um ser extremamente especial. É uma verdadeira Criança Cristalina e o seu propósito na vida é ensinar as pessoas sobre o amor. Como não fala, ele se expressa eloqüentemente por escrito. As suas palavras são de uma beleza surpreendente, desde que ele era bem pequeno. Nicholas tem uma sabedoria que vem dos recônditos mais profundos do seu coração e um amor imenso pelo mundo. As suas mensagens nos lembram de que somos muito mais do que fragmentos isolados de uma humanidade individualizada. As palavras dele nos lembram da nossa unidade e da importância de estarmos em contato com essa unidade. Elas retratam as verdades mais absolutas e com infinita delicadeza. Nicholas já tocou a alma de muitas pessoas com as suas palavras. Quando escreve, ele colhe as palavras da luz celestial e as traduz em linguagem humana. A sua verdade é a verdade do Uno.

Quando tinha 4 anos, Nicholas escreveu o seguinte poema (com a ajuda de uma amiga, que corrigiu alguns errinhos de ortografia):

O Amor Me Comove
O amor é lindo,
O amor é calmante
O amor é tocante
Quando ele me percorre!
Dentro do meu corpo
ele me comove
e eu estou vivo.
Meu ser é um só.

(De Nicholas M. Tschense. Facilitado pela sua amiga Laura Batson.

Nicholas *é* amor. Ele faz uma ponte entre a humanidade e o céu, e age assim sem acanhamento e com grande sinceridade. Ele não teme dizer ao mundo o que sabe e seus dons são inestimáveis. Aos 6 anos, Nicholas se apresentou com o discurso a seguir para uma platéia de mais de duzentas pessoas, no 5º Congresso Mundial de Qigong, e foi aplaudido de pé. Momentos antes do discurso, Nicholas recebeu um prêmio pela sua contribuição para o Child and Youth Project for Healing and Peace.

Por que os seres humanos precisam da natureza como agente de cura?

A natureza é a melhor maneira de atingir a harmonia. A natureza representa o amor e a perfeita ordem de Deus. Quando uma pessoa comunga com a natureza, pode demorar um pouco para ela sentir toda a sua presença, mas, pode acreditar, ela está toda ali. A natureza tem uma beleza fantástica. Ela tem a presença divina plenamente ordenada de Deus. É tão extraordinário como Deus nos concedeu essa dádiva! Ela existe para curar e ser admirada. Temos de abordá-la com todo amor e graça divinos. Então, depois que a natureza sentir esse amor, ela continuará a nos oferecer a grande recompensa da vida sustentável. A cura vem de dentro; por isso o nosso ponto de referência tem de ser o poder que vem da natureza divina e de Deus, que para mim é quase a mesma coisa. A cura vem da natureza e da meditação. A meditação é a resposta. Ela traz à tona o conhecimento mais profundo. Traz à tona a inteligência universal, biblioteca a que todos nós temos acesso. A inteligência oferece tudo o que buscamos. Ela pode ser encontrada ali. Por isso, da próxima vez que você for ligar a TV para se desligar dos problemas, em vez disso medite para entrar em sintonia com o poder infinito e com o seu potencial de cura. Obrigado a todos por serem meus convidados!

Com amor,
Nicholas

Já se passaram muitos anos desde esse discurso e Nicholas já deu início a uma grande mudança neste mundo. Ele é uma das nossas Novas Crianças, que têm um amor infinito e uma sabedoria ilimitada para nos oferecer. Ele só pede que possamos ouvir e aprender que esse amor é a verdadeira resposta às nossas perguntas. Estamos ouvindo, Nicholas. Com todo o nosso coração.

Pete

São muitas as histórias de Cristalinas que se lembram de suas vidas passadas e do tempo em que estavam no "céu". Uma delas é de um garotinho que chamarei de Pete. Pete tinha 6 anos de idade quando escrevi este livro e, como muitas Crianças Cristalinas, tem uma consciência verdadeiramente multidimensional.

Pouco tempo atrás, quando o pai estava colocando Pete na cama, ele disse, "Olhe, pai! Está vendo os homens entrando pelo teto?"

O pai respondeu, "Bem, eu não os vejo, mas acredito em você". Então Pete explicou, "Ah, pai, é que eles são de uma dimensão aqui perto – não a que fica lá longe, mas a que está bem perto de nós".

Um dia, alguns anos atrás, Pete procurou o pai e lhe disse que ele precisava fazer um curso para aprender chinês. Explicou então que já sabia chinês, só precisava relembrar. Continuou, contando aos pais que já tinha sido imperador criança na China, e deu detalhes por meio dos quais eles puderam verificar os registros históricos do que o filho estava contando. Pete fez um curso de chinês e adquiriu fluência quase imediatamente! É isso aí, papai e mamãe!

Alec, outra criança superdotada, amigo de Pete, foi visitá-lo um dia. Contou então a ele e aos pais dele uma história incrível sobre quando ele e Pete viviam juntos no Peru. Alec contou quais eram os nomes deles na época e que tinham se escondido num quarto de hotel. Quando eles estavam fugindo, um bando de homens armados entrou e matou ele e Pete a tiros. A história de Alec tinha tantos detalhes que a mãe dele fez posteriormente uma pesquisa e verificou a sua autenticidade. Aparentemente, houve uma revolução política no Peru na época que Alec descreveu. Pode ser difícil para um pai imaginar que o filho tenha vivido outras vidas cheias de aventura antes de voltar para a Terra como seu filho.

As Crianças Cristalinas têm um propósito grandioso e estão prontas para descrevê-lo com clareza a quem quer que esteja disposto a ouvi-las: trazer de volta para a humanidade amor incondicional e ajudar a instilar a paz mundial devolvendo à consciência coletiva a percepção da unidade. Como pessoas responsáveis por cuidar dessas crianças, é nossa responsabilidade ajudá-las a cumprir esse objetivo e reconhecer quem elas são e o que vieram fazer aqui. As Crianças Cristalinas carregam dentro de si a lembrança consciente da sabedoria das eras e elas a oferecem graciosamente a nós.

O que faremos? Ouviremos as mensagens que nos transmitem e aplicaremos a sabedoria das eras na nossa vida, no ambiente em que vivemos e no nosso mundo? Ou optaremos por permanecer ignorantes, fechando porta atrás de porta dentro dessas crianças ao longo da vida? As crianças são o nosso futuro. O futuro dentro dessas crianças tem potencial para nos levar a dar uma guinada pelo bem maior da humanidade – se ao menos ouvirmos o que elas têm a nos dizer!

Vamos valorizar e estimular essas crianças, abrindo-nos para a possibilidade que às vezes elas saibam mais do que nós. Não limitemos a possibilidade de uma realidade maior só porque somos incapazes de compreender. Em vez disso, vamos nos abrir para explorar esses dons maravilhosos com as nossas crianças. Não existe razão para temê-los! Superdotadas como são, elas *são* as nossas crianças, e as mensagens que transmitem não são nenhuma novidade – apenas coisas surpreendentes das quais a maioria de nós se esqueceu.

Como Reconhecer as Crianças Cristalinas

Capítulo 5

- *Têm olhos azuis cristalinos ou de um tom escuro, quase negro. Olham para nós como se nos conhecêssemos desde sempre – de fato nos conhecemos!*
- *Têm uma grande sensibilidade com relação ao ambiente, ao planeta e aos sentimentos dos outros.*
- *São extremamente intuitivas.*
- *São geralmente telepáticas.*
- *São socialmente conscientes.*
- *Têm um domínio inato sobre a energia sutil.*
- *Pensam de modo compartimentado.*
- *Parecem ter dificuldade para se concentrar.*
- *São extremamente compassivas.*
- *Não suportam nenhum tipo de conflito – levam todos para o lado pessoal.*
- *Têm uma sabedoria que está muito além da idade delas.*

- *São pacificadoras.*
- *Têm uma capacidade inata para a cura.*
- *Nasceram depois de 1997 (algumas nasceram um pouco antes disso).*
- *São extremamente frágeis – ficam doentes com facilidade e contraem doenças não-identificáveis.*
- *Têm um campo energético que faz um movimento de varredura e apresenta um espectro de cores pastéis ou de tons profundos e vibrantes, como pedras preciosas.*
- *Muitas vezes se lembram de vidas passadas ou de experiências entre-vidas.*
- *Vêem seres etéricos como anjos, Mestres, extraterrestres, etc., e muitas vezes interagem com eles. Freqüentemente comentam sobre "visitantes" e amigos invisíveis como se os conhecessem muito bem.*
- *Algumas recebem o diagnóstico de transtorno do déficit de atenção, de transtorno do déficit de atenção com hiperatividade ou de autismo.*
- *Têm consciência do propósito da vida delas.*
- *São extremamente generosas.*
- *São amorosas, cheias de compaixão e têm muita facilidade para perdoar.*
- *Têm consciência da dinâmica interativa entre as pessoas.*
- *Têm a capacidade de trazer à luz a verdade sem fazer esforço.*
- *Precisam passar algum tempo sozinhas para renovar ou eliminar energias, no final do dia.*
- *São extremamente vulneráveis, embora poderosas.*
- *Não conseguem compreender a capacidade humana de tratar as outras pessoas com desumanidade.*
- *Têm um amor profundo pela vida, pelas outras pessoas e pelos animais.*
- *Precisam de um contato regular com a natureza.*
- *Adoram brincar ou se sentar na água.*
- *Acontecem coisas "mágicas" em torno delas – as pessoas ficam bem, dinheiro aparece e coisas mudam para melhor.*

- *Sentem-se responsáveis por acontecimentos externos ou por atitudes alheias.*
- *São como ímãs para as pessoas – elas se sentem naturalmente atraídas para perto delas.*
- *Aparelhos eletrônicos são geralmente afetados com a presença delas.*
- *São empáticas, ou seja, sentem o que as outras pessoas estão sentindo.*

As Crianças das Estrelas

Capítulo 6

As Crianças das Estrelas são um grupo bem definido de crianças que têm poderes muito especiais. Parte da sua estrutura genética passou por um redespertar, trazendo a este mundo o amparo da sua origem interestelar. No futuro, essas crianças compartilharão conosco novas tecnologias e uma compreensão das ciências que hoje estamos só começando a vislumbrar. A Criança das Estrelas pode ser definida como a criança de origem tanto humana quanto extraterrestre. São muitas as razões possíveis para a parcela extraterrestre da estrutura de uma criança. Ela pode advir da reprodução, da engenharia genética (combinação intencional de várias raças), da tecnologia biomédica, da transposição de uma consciência telepática (uma consciência que se "atrela" a outra) ou até da encarnação intencionalmente orquestrada de um Visitante das Estrelas num corpo humano. Os Visitantes das Estrelas incluem algumas das crianças que têm aspectos paralelos, o que discutiremos no capítulo seguinte.

Lacunas nos registros arqueológicos sugerem que, durante certos períodos da evolução humana, a humanidade deu grandes saltos no campo da tecnologia, da metalurgia, da alquimia e da arquitetura – há indícios até mesmo de viagens entre domínios da consciência que ainda hoje não são compreendidos. Na história e na evolução humanas, existem grandes espaços em branco no registro fóssil. Em outras palavras, faltam muitas peças nesse quebra-cabeça que mostrem o padrão do nosso desenvolvimento físico.

A maioria dos artefatos já encontrados pelos arqueólogos mostra que a raça humana parece ter evoluído, da sua forma semelhante ao macaco até o que ela é hoje, praticamente da noite para o dia (em termos evolucionários). Parece que há muitas lacunas no seu processo de desenvolvimento. Por exemplo, nas tumbas do antigo Egito, há evidências de manipulação de energia escritas nas paredes. Nessas gravuras, podem-se ver muitas figuras humanas carregando bolas de luz branca, orbes de energia vermelha ou invenções que parecem algum tipo de conduíte elétrico muito parecido com as pilhas que existem hoje em dia. Também há referências sobre isso nos textos antigos. Nas "tábuas das raças" sumerianas há referências à raça annunaki – que, segundo dizem, originou-se num distante planeta do nosso sistema solar. De modo semelhante, no Gênesis, o primeiro capítulo da Bíblia, há referências a gigantes que caíram do céu, procriaram com seres humanos e criaram uma raça totalmente nova de seres superdotados. Na verdade, existem muitas referências, na literatura antiga, sugerindo que nunca estivemos sozinhos no universo e que fomos influenciados por visitantes de outros tempos e outros lugares.

Ao longo da história, a arte também retratou os Visitantes das Estrelas. Numerosas pinturas de temas religiosos mostram discos voadores na paisagem de fundo ou imagens de máquinas voadoras, algumas delas incluindo até mesmo pilotos extraterrestres. Na antiga Índia, essas máquinas voadoras eram chamadas de *vishnya* e são muitas as histórias daqueles que viajavam nesses veículos regularmente ao redor do planeta e mais além. As lacunas das descobertas arqueológicas, os objetos retratados na arte histórica e as sagradas escrituras escritas há muito tempo sugerem que visitantes de outros pontos do universo podem ter vindo à Terra e contribuído com o material genético do ser humano, ou procriado com seres humanos em evolução ou combinado intencionalmente seu DNA com os nossos sistemas biológicos em desenvolvimento.

No mundo de hoje, há muitos adultos que carregam dentro de si fragmentos desse material genético antigo. O DNA dessas pessoas despertou de maneiras novas, trazendo à tona um novo leque de possibilidades. Os adultos que carregam esse material genético sentem-se deslocados neste mundo, como se fossem diferentes dos seres humanos normais e tivessem uma grande necessidade de "voltar para casa". Muitos têm poderes psíquicos e uma intuição aguçada ou exibem outros talentos especiais, como a capacidade inerente da clarividência, da cura e do "conhecimento" intuitivo que vai além das experiências. Essas pessoas são comumente chamadas de "Sementes Estelares". As Sementes Estelares também sentem fascínio por certas estrelas e constelações, principalmente Órion, as Plêiades, Arcturus e Sirius. Algumas delas têm fascinação por Sirius B, que segue a mesma órbita circular de Sirius. Algumas Sementes Estelares divulgaram línguas, obras de arte, livros, músicas e símbolos que representam as suas origens estelares. Essas pessoas são as precursoras das nossas Crianças das Estrelas, que apresentam um progresso muito maior do ponto de vista genético e evolucionário. À medida que o DNA de origem estelar continua a evoluir naturalmente, as Crianças das Estrelas chegam a este mundo.

O campo energético dessas crianças é muito bem sintonizado e apresenta um conjunto completamente diferente de relacionamentos energéticos harmônicos, em comparação ao dos seres humanos. Ele dá a impressão de ser macio e sedoso, sem nenhuma estática. É como um rio de freqüências luminosas que flui ininterruptamente – educando, acalmando e reabastecendo essas crianças. As Crianças das Estrelas chegam ao nosso mundo com uma inteligência brilhante. Elas têm propensão para a ciência e um domínio dos princípios científicos que os adultos "normais" muitas vezes têm dificuldade para compreender. Elas adoram conversar sobre realidade quântica.

As Crianças das Estrelas muitas vezes sonham que estão voando e em ambientes preenchidos de luz branca ou colorida. Elas sonham que estão decolando em naves e conversando com seres extrafísicos. Muitas delas também afetam os equipamentos eletrônicos, fazendo com que parem de funcionar, funcionem mal ou liguem e desliguem ao acaso. Algumas delas fazem a iluminação de rua se apagar quando passam na calçada ou num carro. Elas têm uma intuição aguçadíssima e talento para a cura energética. Muitas podem ver auras e outros campos energéticos. Graças aos seus dons psíquicos, elas podem diagnosticar com precisão doenças que ainda não apresentaram sintomas. Também podem influenciar outras pessoas telepaticamente e muitas vezes são clarividentes. Há casos de Crianças das Estrelas que levitam (flutuam acima do solo) ou têm o poder da telecinesia (movimentam objetos com a mente).

Assim como as Crianças Cristalinas, essas crianças admiráveis pensam de modo compartimentado. São capazes de dar saltos impressionantes na lógica, passando da hipótese para a solução quase que instantaneamente. Elas têm uma capacidade incrível para processar grandes quantidades de informação ao mesmo tempo. Parecem receber "downloads" de informação e são capazes de debater diferentes assuntos, mesmo que nunca os tenham estudado na escola ou em nenhum outro lugar. Algumas Crianças das Estrelas costumam desaparecer e reaparecer em outro lugar, o que pode ser exasperador para os pais!

As Crianças das Estrelas muitas vezes têm uma consciência multidimensional. Para elas é fácil cruzar múltiplas realidades simultaneamente e até conversar sobre essas realidades com as outras pessoas. Sem fazer esforço, elas processam informações sobre vários assuntos ao mesmo tempo, sem ficar confusas. Também são capazes de expandir e contrair o tempo conscientemente – na verdade, elas podem prolongar ou abreviar acontecimentos, agindo intencionalmente de um ponto fora do tempo. Elas têm uma compreensão intrínseca de que a consciência é mais rápida do que a velocidade da luz e usam essa consciência para distorcer as relações temporais segundo a sua vontade. As Crianças das Estrelas também têm uma consciência aguda do ambiente em que vivem e se preocupam com as condições do planeta.

Em termos físicos, as Crianças das Estrelas muitas vezes têm um crânio maior do que o normal, o que na maioria dos casos exige que a mãe faça uma cesariana. A temperatura corporal dessas crianças também costuma ser mais baixa. Por exemplo, em vez da temperatura basal normal de 37°, as Crianças das Estrelas muitas vezes apresentam uma temperatura abaixo disso, o que indica que a energia corporal dessas crianças é consumida num ritmo mais lento nos níveis metabólicos. As Crianças das Estrelas geralmente têm um sistema imunológico mais forte e costumam se manter saudáveis em condições abaixo do normal. Infelizmente, como esses dons das Crianças das Estrelas não costumam ser reconhecidos, algumas delas ficam deprimidas e/ou manifestam doenças físicas que indicam o seu desconforto.

Trevor

Trevor foi uma das primeiras Crianças das Estrelas com quem trabalhei. Ele não apenas tinha a energia de uma Criança das Estrelas como também apresentava o amplo campo energético de uma Criança Cristalina. Ele também se encaixava na categoria que eu chamo de Belas Silenciosas. Na época em que eu trabalhava com ele, ainda não conhecia as diferenças distintivas entre as crianças (ou que essas diferenças poderiam se combinar para criar situações únicas). Experiências pelas quais passei ao longo dos anos mostraram que isso é típico da evolução acelerada por que passamos agora. Muitas crianças não se encaixam perfeitamente em nenhuma categoria. No entanto, existem características primárias dentro de cada grupo em particular.

A família de Trevor oferecia um grande apoio ao filho, pois este exibia uma combinação formidável de talentos. Os pais dele eram daquelas pessoas pioneiras que sabiam instintivamente que deveriam tentar tratamentos alternativos para ajudar o filho. Quando eu trabalhei com Trevor, ele tinha 9 anos de idade e, sem sombra de dúvida, tinha a capacidade de se comunicar com múltiplas dimensões. Trevor só começou a falar quando tinha em torno de 3 anos e, mesmo então, só pronunciava frases fragmentadas. Mesmo aos 9 anos ele tinha dificuldade para falar, mas se comunicava telepaticamente desde pequeno. Na época, a mãe não percebeu o que estava acontecendo, mas ela logo se deu conta! Por causa da telepatia e pelo fato de os pais sempre o terem visto como um ser evoluído espiritualmente, Trevor nunca precisou se comunicar verbalmente. Os pais só o estimulavam a falar para que ele pudesse se comunicar no plano físico. À medida que ele crescia, algumas pessoas tentaram convencer os pais de que ele era autista. Nenhum dos dois se convenceu disso, pois sabiam que as diferenças do filho não tinham relação com o autismo.

Trevor falava muitas vezes sobre a vida em outro planeta, onde tudo era muito mais confortável. Segundo ele contava, quando vivia lá, as pessoas se pareciam com "energia e luz divina". Elas voavam o tempo todo e eram seres gentis e amorosos. Trevor disse aos pais que o seu corpo terreno era desconfortável demais, porque lhe impunha muitas restrições. Ele não via a hora de poder voar outra vez e sonhava muitas vezes com isso. Os pais de Trevor sempre faziam o possível para ajudá-lo a se sentir mais confortável em seu corpo. Procuraram xamãs, que o ensinaram a se projetar conscientemente (sair do corpo conscientemente de vez em quando com uma intenção definida). Os métodos xamânicos eram muito variados e permitiam que ele visitasse muitos planos da realidade. Trevor e os pais aprenderam a explorar o universo juntos. E adoraram!

A família de Trevor abordava as diferenças de Trevor do ponto de vista holístico. Eles procuraram agentes de cura alternativos e trabalharam com eles em família, de modo que pudessem estar sintonizados uns com os outros e apoiar-se mutuamente em qualquer eventualidade. Quando tinha 1 ano e 3 meses, Trevor ainda não engatinhava, então os pais o levaram a um quiroprático. Depois da primeira visita, ele começou a engatinhar e a andar sozinho. Eles também trabalharam com um quiroprático neurológico muito progressista que usava cinesiologia. Como fazem muitas famílias, os pais de Trevor consultavam esse quiroprático antes de procurar qualquer profissional. Eles queriam que Trevor se sentisse confortável e fosse capaz de participar do trabalho. Esse é um ponto fundamental. (Como deve se lembrar, William, cujo caso foi descrito no Capítulo 3, chama os profissionais de saúde antes de chamar a atenção da mãe para eles, além de enviar os seus amigos quando acha que estão prontos para certos tipos de trabalho. Isso parece uma constante quando se trata dessas crianças. Eles estão a anos-luz de nós, que não nascemos com esses dons!)

Os pais de Trevor fizeram vários exercícios com ele, entre eles a ginástica cerebral. Fizeram o melhor possível para encontrar maneiras divertidas de integrar o trabalho que ajudaria o filho a aprender novas habilidades físicas e a ficar mais forte. Eles faziam exercícios de duas a três vezes por semana, para que Trevor não ficasse entediado demais. Ele e a família também faziam ioga juntos e ele fazia aulas de equitação, coisa que adorava. Ele não se tornou nenhum jóquei, mas se distraía e apreciava cada minuto que passava com os cavalos.

Trevor contou à família sobre muitas das suas vidas passadas e a maioria delas tinha sido extremamente traumática. Quando ele contava as suas histórias, era como se as tivesse revivendo. Ao relatar cada detalhe, as emoções que sentia eram tão intensas que era como se a alma dele sofresse com essas lembranças. Assim como outras crianças descritas neste livro, Trevor recebia muitas visitas à noite e nem todas elas eram amigáveis. Esses visitantes pareciam ser pessoas que tinham morrido pouco tempo antes, como se Trevor fosse uma espécie de ponte entre este mundo e o plano espiritual. O menino contou que ele via primeiro o espírito da pessoa falecida e depois os anjos que vinham escoltá-la até o mundo espiritual. Quando os pais de Trevor lhe perguntavam por que esses espíritos o procuravam, tudo o que ele dizia era que aparentemente esses espíritos precisavam de alguém que os confortasse e tranqüilizasse antes que pudessem seguir adiante. Os pais dele o ensinaram a se proteger usando a Luz divina e a decidir quais seres eram aceitáveis para ele. Isso pareceu funcionar muito bem.

Trevor também contou aos pais que um pouco antes de vir para o plano terreno, Jesus o aconselhara a ter muito cuidado com o corpo físico. Os guias espirituais de Trevor haviam escolhido os seus pais porque sabiam que eles iriam cuidar muito bem dele. (Ouvi muitas histórias sobre crianças que explicaram aos pais a razão de terem sido escolhidos. Isso parece bem comum entre as Crianças de Hoje.)

Num verão, Trevor conversou com os pais sobre um cachorro que havia entrado no quintal da casa à noite. Ele disse que tinha "voado" escada abaixo e saído de casa para ficar com o cachorro, que estava morrendo e sentindo muita dor. Então Trevor perguntou ao animal se queria que ele pusesse a mão sobre o seu corpo e o ajudasse. O cachorro respondeu que sim (em sua cabeça, como diz Trevor). Trevor então colocou a mão sobre o corpo dele e ele agradeceu por fazer a dor cessar. Então os anjos vieram e levaram o cachorro de volta para o mundo espiritual. Essa foi a primeira excursão de Trevor com um cão, mas as suas noites eram cheias de experiências extrafísicas nas quais ele voava.

Os pais de Trevor expressaram o mesmo que muitos outros na mesma posição que eles: eles se sentiam muito isolados nas suas experiências com o filho muito especial. Afinal, quando contavam às outras pessoas sobre as suas estranhas experiências, isso às vezes resultava em ostracismo ou coisa pior. Pais nessa situação sentem uma grande ânsia de conversar com pessoas com quem possam compartilhar as suas experiências. Fiquei vários anos sem falar com a família de Trevor. A última notícia que ouvi foi que Trevor ainda demonstrava grande instabilidade emocional e às vezes precisava lutar contra o medo que sentia pelo seu corpo e de alguns seres que só ele era capaz de ver – em particular, alguns que tinham curiosidade de conhecê-lo –, embora ele se mostrasse mais "presente" com as outras pessoas do que tinha se mostrado anteriormente. No meu modo de ver, os pais de Trevor são pessoas de se tirar o chapéu! Eles são o exemplo perfeito de pais flexíveis e criativos, que realmente se preocupam em atender às necessidades extraordinárias do filho.

John Everett

Certos lugares que visitei ao longo dos anos contribuíram para enriquecer e aprimorar enormemente a minha prática. Geralmente, quando eu volto a visitar esses lugares, a minha agenda está lotada e eu tenho de organizar uma lista de espera. Há clientes que eu vejo regularmente e outros que nunca mais volto a encontrar. Numa dessas ocasiões, já era noite e eu ia atender ao meu último cliente do dia. Eu já tinha algumas informações sobre a situação da pessoa que marcara a consulta. Aparentemente, eu iria trabalhar com um garoto de 7 anos de idade, John Everett, que viria à consulta acompanhado da mãe, Francis. Ela chegou na hora marcada, mas estava um pouquinho nervosa, sem saber o que esperar da consulta. John Everett vestia um pijama vermelho. Ele era pequeno e pouco desenvolvido para a idade, mas a pele sedosa dava ao seu rostinho um ar de perfeição. Ele tinha cabelos castanhos e um leve ar de frustração. Eu me perguntei por quê.

John Everett carregava um livro quase tão grande quanto ele. Era um livro grosso sobre aviões militares, do tipo que se usa para decoração. Estava abraçado a ele com um jeito possessivo e não o largou ao se sentar no sofá. Francis gostava de conversar; falou sobre as Crianças Índigo e sobre um livro que tinha lido a respeito. Alguém lhe dissera que John Everett era um Índigo e Francis então quis se assegurar de que o diretor e os professores da escola do filho tivessem cada um deles um exemplar do livro para que soubessem mais sobre crianças superdotadas. (É isso aí, mamãe!) Francis estava preocupada porque o desempenho de John Everett na escola estava abaixo da sua inteligência brilhante e ela tinha certeza absoluta de que havia algo errado com ele. Pelo que eu pude perceber, ela parecia querer que o filho fosse um grande realizador. Francis tinha boas intenções, mas para mim era evidente que ela estava exercendo muita pressão sobre o filho – ou pelo menos foi o que pensei inicialmente.

John Everett não parecia muito interessado em conversar comigo inicialmente, pois não me conhecia. No começo da sessão percebi que Francis havia feito uma pergunta a ele e então respondido por ele. Ele me pareceu meio exasperado com aquilo e tenho de admitir que esse sentimento foi um pouco contagioso! John Everett não tinha necessidade de falar muito. Na tentativa de me comunicar com ele, mostrei interesse pelo livro de aviões. Disse a ele que o meu pai era da Força Aérea, mas eu não conseguia me lembrar do nome do avião que pilotava. O rosto de John Everett se iluminou instantaneamente. Ele abriu o livro exatamente na página correta e começou a discorrer sobre as características do avião que o meu pai costumava pilotar. Então começou a comparar esse avião com outros que existiam antes dele e que vieram depois. Foi impressionante. O garoto sabia cada detalhe de todos os aviões – desde a estrutura, o sistema hidráulico e o motor até os problemas e os pontos fortes de cada aeronave. Ele era uma verdadeira enciclopédia de aviões ambulante. Mas esse foi só o começo.

Eu mudei o tema da conversa de aviões para a escola, perguntando sobre as experiências dele lá. Logo percebi que John Everett não estava muito interessado no assunto e então lhe perguntei por quê. Em vez de me responder diretamente, ele se virou para a mãe e disse, "Mãe, se você tivesse de fazer um teste sobre tudo o que lhe aconteceu desde o dia em que nasceu, você conseguiria responder a essas perguntas? Você ia querer responder? Afinal de contas, você já viveu uma vida inteira depois disso!" Francis pareceu um pouco desconcertada e demorou algum tempo para entender o que ele estava querendo lhe dizer. Enquanto isso, John Everett continuou:

"Olha, na escola os professores nos mandam ler coisas, eles nos ensinam coisas. Depois disso, eu leio muito mais do que eles me pedem; é como se eu vivesse muitas vidas a cada semana que passa. Então os professores esperam que eu faça uma retrospectiva para lembrar todos aqueles pequenos detalhes que não têm mais importância nenhuma, porque eu já estou a anos-luz à frente deles. Claro que eu não perco muito tempo com isso. Para mim, esses testes não têm sentido nenhum; são uma perda de tempo! Eu já sei tudo aquilo!"

Hummm. Eu estava começando a compreender que aquela criança era um prodígio muito maior do que imaginavam. Talvez a mãe estivesse certa! Comecei a conversar com John Everett sobre o que ele estava aprendendo que parecia muito mais importante do que os trabalhos escolares. Enquanto conversávamos, o menino decidiu subir na maca e deixou que eu trabalhasse com ele. Quando acessei o seu campo, ficou claro para mim que essa criança era uma obra-prima muito bem sintonizada e que não havia muito que trabalhar com ele. O seu campo energético zumbia numa freqüência altíssima, praticamente sem variação nenhuma. Ele era claro e intenso. Não era incomum encontrar Crianças das Estrelas com traços da energia cristalina em seus campos energéticos, e John Everett não era nenhuma exceção.

Enquanto eu trabalhava, continuamos conversando e aos poucos a conversa começou a gravitar em torno de assuntos surpreendentes. Logo estávamos falando sobre realidades multidimensionais, buracos negros, realidades paralelas, universos paralelos, relacionamentos harmônicos, buracos de minhoca e muito mais – tudo descrito em detalhes minuciosos que só alguém que tivesse vivenciado essas realidades poderia conhecer. Essa vastidão de conhecimentos surpreendia até mesmo a mim. A confiança e descontração que demonstrava ao discorrer sobre cada assunto exalavam de cada poro. Eu rapidamente percebi que John Everett estava simplesmente entediado. Ele não tinha ninguém com quem pudesse se relacionar. Ninguém poderia conversar com ele sobre grande parte da sua realidade, por isso ele se mantinha em silêncio, deixava que a mãe falasse quase o tempo todo e continuava em solidão o seu processo de aprendizado e as suas jornadas multidimensionais. Eu não tinha palavras para descrever a minha empolgação.

John Everett era obviamente uma Criança das Estrelas e eu estava fascinada por ele. Não é sempre que uma pessoa consegue conversar comigo sobre as experiências desconcertantes que eu tenho. Nós éramos duas agulhas no palheiro, ambos encantados com o fato de o outro conseguir acompanhar a conversa. Conversei com Francis, explicando que o filho simplesmente precisava ser ouvido por pessoas que pudessem compreendê-lo – mesmo que isso significasse que ela teria de arranjar um lugar para ele em reuniões de alunos universitários, cursos de astronomia ou qualquer coisa que o interessasse. John Everett tinha capacidade para processar quantidades e combinações incríveis de informação e os seus interesses aumentavam exponencialmente. Sugeri que ela procurasse socializá-lo em áreas que pudessem ser benéficas tanto para ele quanto para os familiares, além de satisfazer seu insaciável desejo de aprender coisas novas. A maior parte dos interesses de John Everett era sobre ciências, por isso lhe dei o nome de algumas organizações que ela poderia procurar.

Quando eu lhe disse com franqueza que não havia nada de errado com John Everett, Francis pareceu quase surpresa, pois ela se sentia completamente incapaz de lidar com o grande alcance da inteligência do filho. Ser mãe de uma criança assim pode ser um grande desafio! Quando essas crianças são malcompreendidas, os seus talentos não são estimulados e elas são vistas como se fossem deficientes. A atenção que recebem não as sustenta nem as encoraja, pois é direcionada para a disfunção com que foram rotuladas. A identidade da criança passa a ser um rótulo ou um diagnóstico e, quando isso ocorre, ela passa a ficar estagnada e seus dons, desperdiçados. Eu senti que, se conseguisse explicar melhor as diferenças de John Everett, seria mais fácil para a mãe compreender. Como eu ainda não a conhecia muito bem, tive receio de desafiar a sua realidade, levando-a muito além do que ela agüentaria. Eu sinto que as possibilidades de expansão de uma pessoa que é rotulada diminuem muito, por isso eu não queria rotular o filho dela. Então expliquei com muito cuidado sobre as Crianças de Hoje e sobre as habilidades do filho dela e das razões pelas quais ele as possuía. Enquanto conversávamos, Francis foi relaxando e começando a entender que John Everett não era deficiente; muito pelo contrário, ele era uma criança *hipereficiente*. Ninguém sabia perguntar a ele até que ponto tinha avançado em seu aprendizado porque as suas habilidades não estavam de acordo com o que a sociedade considerava normal. Ele era acusado de ser preguiçoso, quando na verdade já estava muito à frente daqueles com quem convivia.

Eu tive recentemente a chance de visitá-lo e vi que ele se tornou um jovem de muito boa aparência, com um olhar que nos transporta para lugares infinitos. Ele está trabalhando em invenções muito interessantes e continua a se desenvolver. Quando Francis o tirou da escola pública, ele começou a fazer grandes avanços nos estudos, pois não havia mais nada que o impedisse de se desenvolver. Francis está fazendo um trabalho fantástico, não só atendendo às necessidades do filho, mas dando o apoio de que ele precisa durante o processo.

John Everett é só uma das muitas crianças que conheci como ele. Elas são tão brilhantes que poucas pessoas conseguem se relacionar com elas. Algumas delas passam tanto tempo sozinhas que acabam se perdendo em meio a tanto brilhantismo. E elas têm tanto a compartilhar!

Steven

O nosso DNA – o material genético que determina a nossa aparência e até as nossas capacidades – está repleto de informações e lembranças acerca de tudo o que aconteceu antes de nós. Essas informações são posteriormente transmitidas para a nossa memória celular, que carrega informações ancestrais que propagam padrões de comportamento familiares. As informações contidas no nosso DNA e conseqüentemente o nosso material celular são transmitidos para a nossa experiência terrena. Algumas pessoas têm inclusive lembranças cognitivas de vidas passadas. Outras têm problemas físicos ou dores que não têm causa aparente, mas são muito reais no aqui e agora. Lembranças de vidas passadas armazenadas no nosso corpo são muito reais, assim como os sintomas que essas lembranças causam. Por causa disso, as Crianças das Estrelas muitas vezes sofrem de males estranhos que os médicos não conseguem diagnosticar. O corpo dessas crianças carrega lembranças de conflitos ou lesões do passado com tanta facilidade quanto elas expressam brilhantismo intelectual. As crianças podem ter dor, febre, indisposição, depressão, disfunções orgânicas ou outros sintomas anômalos. Uma dessas crianças é a que chamarei de Steven.

A mãe de Steven me procurou porque o filho tinha muitos problemas de saúde. Ele tinha depressão e a cada dia parecia mais debilitado. Tinha dores de cabeça extremamente fortes e um mal-estar geral que nunca passava. Como John Everett, ele era tão inteligente que as outras pessoas mal conseguiam se relacionar com ele. Ele se sentia rejeitado pela família, pelos poucos amigos e pelos colegas de escola. O pai de Steven, que reconhecia a inteligência brilhante do filho, pressionava demais o menino, exigindo dele a perfeição. Era pressão demais para um garotinho. Quando conversei com a mãe de Steven, cheguei à conclusão de que toda a família estava envolvida. A mãe, em particular, tinha uma intuição aguçada e tanto ela quanto os irmãos de Steven tinham problemas de saúde graves e estranhos. Comecei a compreender que eu estava trabalhando com uma família que compartilhava as características das Sementes Estelares e cujos filhos eram Crianças das Estrelas.

Quando comecei a trabalhar com Steven, notei que o seu campo energético dava mostras de estar sendo sugado; procurei encontrar a causa. Durante algum tempo, não consegui ver nem perceber a razão de eu estar sentindo isso. À medida que fui trabalhando as camadas energéticas dele, percebi que todas elas tinham algo fora do comum. Os campos energéticos estavam em desarmonia e havia estranhos bloqueios espalhados por todos eles. Esses bloqueios pareciam restringir a comunicação dentro dos campos de Steven, a qual apresentava padrões que eu não conseguia reconhecer. Fui trabalhando uma camada por vez, corrigindo anomalias, até que o campo inteiro começou a se harmonizar. Os bloqueios foram retirados e a energia começou a fluir mais normalmente.

Quando trabalhei a cabeça de Steven, fui orientada a me concentrar nos ouvidos. A orelha esquerda tinha uma saliência na parte média do tecido. De acordo com os mapas da acupuntura chinesa, essa região da orelha estava relacionada com a glândula pituitária, com a tireóide e com o cérebro, órgãos que regulam diferentes partes do corpo. Eu senti que a saliência poderia ser algum tipo de implante, pois, geralmente, quando eu trabalho os pontos de acupuntura, há uma liberação de energia. Nesse caso, a saliência da orelha na verdade parecia *atrair* a energia quando eu trabalhava nela. A região parecia estranha ao equilíbrio entre o campo energético de Steven e seu corpo físico, e não parecia diminuir. Eu sabia que essa era a causa das dores de cabeça que ele tinha. Fosse o que fosse, essa coisa estava em desequilíbrio com relação ao resto do corpo de Steven e estava causando dor física. Eu trabalhei um pouco mais na área, fiz algumas mudanças energéticas e instruí a mãe a fazer o mesmo em casa. Eu não senti que tivesse encontrado a causa de todos os problemas de Steven, por isso continuei observando. Finalmente, encontrei-a.

Todos nós temos um campo de energia que nos envolve completamente. Ele é como um cálido casulo que serve como uma barreira e um intérprete entre nós e toda criação. Esse campo "reduz" a freqüência das mensagens que chegam de modo que a consciência possa traduzir o que recebe em cognição de fato. De modo parecido, o que nós vivenciamos, pensamos e sentimos é transmitido em forma de energia sutil para toda a criação. Num certo sentido, o nosso campo também garante a nossa coesão como seres encarnados. Todas as minúsculas partículas que contemos se integram em arranjos harmônicos que se aninham em segurança dentro do nosso campo. Parte desse campo pode ser vista por algumas pessoas na forma de aura. O tamanho do nosso campo exterior depende da nossa ressonância harmônica dentro da criação, assim como do nosso estado físico, emocional e espiritual. Quando não nos sentimos bem, o nosso campo fica menor e se aproxima do corpo para conservar a energia. Quando nos sentimos muito bem e estamos no "espaço do coração", nosso campo se torna imenso e nós nos comunicamos com mais facilidade com o ambiente à nossa volta.

O campo de Steven exibia uma estranha anomalia. Na extremidade superior, bem na área sobre o coração, havia um vínculo estranho e de aparência assustadora. Parecia um parasita que estava sugando a vitalidade de Steven. Francamente, eu nunca tinha visto nada parecido. Quando trabalhamos um sistema energético multidimensionalmente, acessamos tecnicamente toda a história da pessoa, em todas as suas vidas passadas. Esse vínculo, em particular, tinha uma origem intergaláctica antiga. Ele era como o peixe-piloto, que acompanha baleias ou tubarões. No entanto, o peixe-piloto em geral tem uma relação de simbiose com os outros maiores, pois presta um serviço aos seus hospedeiros, limpando o corpo deles enquanto se alimenta dos restos de comida dilacerada. No caso de Steven, o vínculo não lhe beneficiava em nada. Na verdade, estava lhe roubando a energia vital. A área afetada do seu campo estava mais espessa e impedia a energia de fluir. Também havia uma região mais escura no centro da área mais espessa, onde parecia haver uma energia estranha – uma força vital diferente da energia doce de Steven.

A princípio, eu não sabia o que fazer diante dessa situação e fui muito sincera com a mãe de Steven com relação a isso. (O trabalho de cura interdimensional é muito diferente de outros tipos de cura. Cada pessoa tem uma história que é só sua, por isso cada sessão transcorre de um modo particular e consiste num processo de aprendizado por si só.) Eu disse à mãe de Steven que precisaria de algum tempo para processar toda a informação que estava recebendo e para dar sentido ao que eu vira. Eu trabalhei com Steven durante várias semanas, observando a energia estranha em sua aura e procurando sentir o que se passava. Por fim, consegui livrá-lo do parasita e Steven recuperou-se sensivelmente depois disso. As dores de cabeça desapareceram e o seu nível energético se normalizou. Outros problemas também foram sanados. Foi surpreendente.

Eu observei que muitas das Crianças das Estrelas com problemas têm vínculos anômalos ou bloqueios no campo energético. Evidentemente, nem todas essas crianças apresentam esse tipo de vínculo, mas quando sofrem de doenças não-identificadas é bem provável que seja preciso observar diferentes partes da sua anatomia e seus aspectos etéricos.

Craig

Também existem Crianças das Estrelas que apresentam uma grande sintonia com seres extraterrestres ou visitantes de outros mundos.

Quando eu estava a caminho de uma conferência em que me apresentaria, ficou acertado que a filha de uma das palestrantes me pegaria no aeroporto. Quando cheguei, vi que ela estava na companhia do filho, que chamarei de Craig. A criança estava sentada em segurança no banco de trás do carro. Craig era uma criança miúda de 6 anos de idade, cabelos escuros e grandes olhos castanhos que revelavam a sua inteligência e percepção aguçada. Ele ficou constrangido com a minha presença a princípio, porque a mãe me apresentara como a doutora Meg. Eu percebi que ele me confundira com uma médica e que isso definitivamente o intimidara!

Estávamos a uma hora e meia do nosso destino e, no trajeto, Craig acabou se descontraindo e contando sobre alguns sonhos que ele tinha. Para mim, esses sonhos eram como descrições de casos clássicos de abduções alienígenas. Ele tinha uma consciência aguçada de outras presenças – mesmo enquanto estávamos no carro, ele nos disse que "eles" estavam voando no céu enquanto conversávamos. A mãe de Craig olhou para cima e para os lados e disse que não estava vendo nada. A reação de Craig foi de impaciência quando ele respondeu que ela "não estava olhando rápido o suficiente". Nesse momento eu percebi que Craig estava usando a sua visão etérica para enxergar multidimensionalmente. Quando eu me sintonizei com ele, pude vê-los também. "Eles" estavam definitivamente "lá fora".

As Crianças das Estrelas são criaturas extraordinárias. Elas não são apenas superdotadas do ponto de vista intelectual e psíquico, como também reconhecem a importância da ligação espiritual com a Fonte e com toda a criação. Elas compartilham as mesmas revelações espirituais e adoram estudar as ligações entre os aspectos físico, metafísico e espiritual do ser. As Crianças das Estrelas sentem muitas vezes uma necessidade imensa de ajudar as pessoas a despertar para o seu potencial mais elevado. Elas também têm o desejo de mudar o mundo para melhor. Empenham-se em instilar a paz por meio da sua compaixão e atos de generosidade. Trabalham para curar a Terra e podem sentir as energias planetárias. Quando encontram alguém disposto a ouvir, elas ficam encantadas com a possibilidade de falar sobre a nossa família entre as estrelas. As Crianças das Estrelas têm a inteligência e a compreensão universal que acabarão por nos levar a tecnologias novas e empolgantes. Essas tecnologias estão em simbiose com o nosso planeta e contribuirão para o bem-estar de toda a humanidade.

As Crianças das Estrelas não são uma curiosidade, só uma parte normal do nosso processo evolucionário. Elas são as precursoras de seres intelectualmente ainda mais avançados. Temos de proporcionar a essas crianças tudo de que precisam para nutrir a sua grandiosa capacidade mental. Temos de lhes dar a nutrição de que precisam para sustentar o seu corpo frágil. Acima de tudo, precisamos perceber que as coisas estranhas que elas falam não são fantasia, mas, na verdade, um indício da realidade maior que um dia fará parte da nossa consciência cotidiana, da nossa tecnologia e da nossa própria vida.

Como Reconhecer as Crianças das Estrelas

Capítulo 7

- *Elas têm uma inteligência muito acima da média – são muitas vezes, mas nem sempre, superdotadas em alguns campos da ciência.*
- *Têm uma sensibilidade extrema com relação ao seu ambiente.*
- *Têm uma elevada sensibilidade para a energia e as emoções das outras pessoas.*
- *São fisicamente menores que a maioria das crianças da sua idade.*
- *Demonstram capacidades psíquicas notáveis.*
- *São capazes de manipular os campos energéticos sutis que estão em volta e dentro do corpo (bioenergética).*
- *São capazes de usar forças cósmicas e terrenas na cura.*

- *São capazes de se comunicar por meio da telepatia e da intuição com outras pessoas e com a Consciência Universal.*
- *Muitas vezes afetam equipamentos eletrônicos ou elétricos, causando mau funcionamento.*
- *São capazes de se comunicar mentalmente (telepatia).*
- *São capazes de predizer o futuro (precognição).*
- *São capazes de mover objetos mudando o relacionamento deles com a realidade (telecinesia).*
- *São capazes de ver coisas distantes no espaço ou no tempo (clarividência/visão remota).*
- *São capazes de "baixar" informações de realidades não-locais.*
- *Têm uma intuição aguçada (simplesmente "sabem" coisas sem que ninguém tenha lhes contado).*
- *São capazes de influenciar pessoas à distância (telepaticamente).*
- *São capazes de "ler" campos energéticos à volta delas e obter informações sobre a saúde, as intenções e as motivações das outras pessoas.*
- *São capazes de diagnosticar doenças ou disfunções no campo energético de outras pessoas.*
- *São capazes de realizar curas psíquicas ou bioenergéticas.*
- *São capazes de se locomover ou mover objetos de um local para outro com o poder da mente (teletransporte).*
- *São capazes de se erguer do solo e desafiar a lei da gravidade (levitação).*
- *São capazes de operar fora do tempo, fazendo com que os acontecimentos transcorram num ritmo mais veloz (ou, ao contrário, num ritmo mais lento).*
- *São capazes de prever terremotos e outros desastres.*
- *Têm consciência multidimensional.*
- *São capazes de viajar "fora do corpo" (projeção astral).*
- *São capazes de abrir a consciência, de modo que seres etéricos possam se comunicar com elas (canalização).*
- *Muitas vezes elas têm consciência de um guia Visitante das Estrelas.*

- *São capazes de viver em estreito contato com guias da Nação Estelar e de fisicamente evocar e se conectar com esses guias e outros guardiões.*
- *Têm sistemas imunológicos fortes (ou, ao contrário, estranhas doenças sem causa física aparente).*
- *Têm uma temperatura basal mais baixa.*
- *Têm aparência e personalidade dinâmicas.*
- *Têm espírito de liderança.*
- *Na maturidade, parecem mais jovens do que pessoas da sua idade (assim como as Sementes Estrelas adultas).*

Aspectos paralelos: Crianças da Terra e Crianças das Estrelas

Capítulo 8

Eu queria voltar para a Atlântida. Eu era feliz lá. Queria voltar porque quando eu estou fora do corpo físico eu sou livre! Posso correr, posso voar, posso ser qualquer coisa, onde eu quiser!
– William, 11 anos

Existem outros aspectos ou partes de nós que residem em outros planos da realidade. Como as pétalas de uma flor, cada um dos nossos aspectos é ligeiramente diferente dos outros, mas juntos eles criam o conjunto belo, intrincado e infinito de quem somos na criação. Arranque uma pétala e fica faltando algo na flor, ela perde o equilíbrio. Esses aspectos também se assemelham à nossa sombra. Ela está sempre ali, mas a sua localização e aparência dependem da direção e da quantidade de luz no momento. A nossa sombra se move em harmonia conosco, mas não é o nosso corpo físico. Ela pode ser mais longa ou mais estreita que nós e às vezes é mais clara ou mais escura, embora esteja sempre ali. Do mesmo modo, os nossos aspectos não têm todos eles a mesma aparência. Mas cada um deles é importante para nós e para todos os outros aspectos. Quando eles estão funcionando bem e em sintonia, trabalham em harmonia conosco, mas ficam a certa distância de nós, dependendo da dimensão em que estão.

Existe uma parte da nossa consciência que passa por experiências muito diferentes daquelas que temos na nossa vida cotidiana tridimensional, e essas experiências exercem um efeito direto sobre quem e o que somos na nossa existência terrena. Somos feitos de camadas de energia eletromagnética, campos de energia constituídos de freqüências muito sutis – freqüências que têm cor, som e vibração. Juntas, elas formam quem e o que somos. Cada conjunto de freqüências cria um aspecto e determina em que nível esse aspecto vibrará; é essa vibração que define em que dimensão esse aspecto residirá. Normalmente, nenhum dos nossos aspectos vibra numa freqüência idêntica ou parecida. No entanto, cada camada, cada aspecto, está em perfeita harmonia com os que estão acima e abaixo dele.

Do ponto de vista universal, todos os eventos – passado, presente e futuro – estão ocorrendo ao mesmo tempo. Partes de nós vivem vidas passadas ou vivem em outras galáxias ou outros planos da realidade, enquanto algumas partes nossas se preocupam em pagar as contas ou com o que acontecerá amanhã. Existem partes nossas que já estão vivendo o amanhã!

Figura 6. Ilustração de aspectos em harmonia e em condições normais.

Os nossos aspectos multidimensionais se organizam da mesma maneira. Cada um dos nossos aspectos é um conjunto harmonioso de freqüências levemente diferente dos outros níveis (ver Figura 6). A totalidade dos nossos aspectos constitui quem somos e o que somos, do ponto de vista energético e harmônico e com relação a tudo mais que existe na criação. Somos como um acorde gigante cujas notas (aspectos) criam vibrações sonoras que são exclusivamente nossas. É essa combinação de vibrações sonoras que faz de nós indivíduos únicos do ponto de vista harmônico, a ponto de nos garantir um lugar no tecido da criação. Quando nos harmonizamos no contexto da criação, *somos uma parte integrante e colaborativa de tudo o que existe*. A nossa constituição harmônica exclusiva determina como funcionamos, a aparência que temos e onde nos manifestamos como seres – se aqui na Terra, em outro tempo, em outro lugar ou até em outro planeta. Às vezes a nossa constituição harmônica determina até as experiências por que passamos. Em certo sentido, cada um de nós é uma "família anímica" inteira interiormente – mas não vamos nos estender tanto por hora, pois esse assunto exigiria um livro inteiro!

Muitos problemas podem surgir quando os nossos aspectos não estão em sintonia. Por exemplo, se um aspecto que reside num plano da realidade próximo da terceira dimensão está fora de sintonia ou em desarmonia, podemos nos sentir desconectados, aéreos, dispersos e ter dificuldade para nos concentrar ou tomar decisões. Os efeitos das disfunções dependem do grau de desarmonia e das emoções ou acontecimentos que as causaram (ver Figura 7). Do mesmo modo, quando os aspectos se tornam muito parecidos do ponto de vista harmônico, a disfunção pode ocorrer em um ou mais aspectos.

Figura 7. Exemplo de aspectos fragmentados. Observe que existem camadas faltando onde os aspectos estão fora de lugar. Isso causa lacunas no sistema de comunicação energético. Também existem aspectos que não estão interconectados, como o do canto superior direito.

Os aspectos ficam em desequilíbrio por várias razões. Às vezes eles passam por tantas experiências parecidas que as freqüências se harmonizam naturalmente em conjuntos de freqüência estreitamente relacionados. Quando isso ocorre, todos os aspectos dessa pessoa voltam a se harmonizar, acompanhando o primeiro que passou por uma mudança. Se essa experiência de "rearmonização" é positiva, as freqüências de todos os aspectos normalmente passam a vibrar numa oitava acima e todos os níveis voltam a funcionar razoavelmente bem juntos.

Em outros casos, um ou mais aspectos podem se fragmentar, distanciando-se da nossa estrutura harmônica. Isso muitas vezes acontece em períodos de fortes traumas ou em situações em que a pessoa não consegue lidar com o que está acontecendo. Isso pode resultar de um abuso físico ou emocional ou de uma situação traumática em que a pessoa é vitimada. Se a pessoa não consegue lidar com a situação, ela internaliza os sentimentos em pequenos compartimentos, que ficam bloqueados do ponto de vista energético.

Os compartimentos energéticos então se separam do sistema energético principal e deixam de cooperar harmonicamente com os outros aspectos. Quando ocorre essa fragmentação, ficam lacunas na organização energética. É como uma escada onde faltam degraus; para subi-la você tem de dar saltos para evitar os degraus ausentes. Nesses casos, os nossos aspectos começam a se comunicar de maneira parecida; depois de um tempo, os aspectos funcionais começam a se distanciar dos que se isolaram, passando a se esquivar deles inteiramente. Como essa parte da "escada" fica inacessível, a comunicação completa entre todos os aspectos fica prejudicada.

Quando existe essa fragmentação, a manifestação terrena (nós) começa a apresentar sintomas de disfunção – ficamos indecisos, temos dificuldade para focar a nossa atenção e o nosso humor sofre oscilações repentinas. Às vezes a nossa energia física é afetada também. Nós nos sentimos empacados, como se nada acontecesse na nossa vida, e às vezes até perdidos, como se não tivéssemos um mapa para nos guiar ao longo da vida. Se estivermos fragmentados, isso significa que alguns dos nossos mapas *realmente* estão faltando. O único jeito de reparar isso é encontrar os aspectos recalcitrantes ou que estão faltando e reintegrá-los ao todo. Em termos etéricos, isso se parece muito com aquelas bonequinhas russas que ficam uma dentro da outra. Quando reintegramos esses aspectos, eles voltam a funcionar em harmonia como uma unidade funcional. Às vezes, esse processo é chamado de "resgate anímico", como se os aspectos perdidos fossem fragmentos de uma alma esfacelada.

Os aspectos paralelos ocorrem quando dois aspectos diferentes de uma mesma pessoa tornam-se praticamente idênticos, do ponto de vista harmônico, em dois tempos e lugares diferentes. Os aspectos paralelos são multidimensionais, embora as suas freqüências sejam tão semelhantes que um tem consciência do outro. Imagine viver duas vidas ao mesmo tempo e ter consciência das duas experiências! É quase como se houvesse duas pessoas vivendo no mesmo corpo (ver Figura 8). Os aspectos paralelos podem contribuir muito com o intelecto, a lembrança consciente, a intuição, a percepção extra-sensorial e a consciência multidimensional. Eles também podem contribuir para a lembrança de vidas passadas. E no que diz respeito ao caráter – a criança com aspectos paralelos é sempre cheia de surpresas!

Os aspectos paralelos também podem contribuir para o surgimento de uma disfunção física importante. Existe uma lei universal segundo a qual não podem existir dois conjuntos de freqüência idênticos ao mesmo tempo na criação, por isso, quando os aspectos paralelos se harmonizam demais, parte da harmonização de um ou de ambos os aspectos é rompida. Esse rompimento ocorre, por fim, no nível físico, pois a nossa fisicalidade é a parte mais densa da nossa estrutura e por isso a que responde mais lentamente às mudanças no sistema energético. A localização da disfunção no corpo depende de onde ocorre a duplicação harmônica.

Figura 8. Aspectos Paralelos – dois aspectos do eu cujas freqüências se harmonizam a ponto de se tornarem quase idênticas, causando disfunções em ambos os aspectos.

Quando os aspectos são paralelos, ocorre um fenômeno interessante. Nenhum deles tem uma existência normal. Segundo a lei universal, um dos aspectos acaba dominando o outro. O aspecto que não costuma estar presente na terceira dimensão reside numa forma de consciência que está sempre presente e vive de modo indireto por meio do corpo tridimensional. O corpo tridimensional e a consciência conseguem vivenciar livremente qualquer coisa que o aspecto paralelo faça. Basicamente, existem duas consciências funcionando como uma só dentro da pessoa.

Eu descobri que certos subgrupos de Estelares e de Crianças Cristalinas têm aspectos paralelos de origem intergaláctica. (Todas as crianças dessa categoria que eu conheço tinham entre 10 e 12 anos quando escrevi este livro, sendo que a maioria delas tinha 11). Em outras palavras, um aspecto dessas crianças que vivia em outro planeta – muitas vezes num universo paralelo ou em outro tempo – estava tão fortemente harmonizado como o eu terreno que os dois aspectos viviam em conflito. Por ser muito mais evoluído e capaz de usar a consciência a ponto de comandar a realidade, o aspecto intergaláctico geralmente se harmoniza para funcionar com o aspecto tridimensional. Na maioria dos casos isso acontece por motivo de sobrevivência.

As crianças que apresentam aspectos paralelos geralmente têm deficiências físicas graves. O tipo de disfunção varia, mas existem pontos em comum nas experiências dessas crianças e de suas famílias. Quase todas as crianças dessa categoria têm problemas de fala. Elas são extremamente telepáticas e se comunicam através do tempo e do espaço com aqueles que ela sabe que vão escutá-la. Muitas dessas crianças locomovem-se e se comunicam na forma de orbes. Elas também têm dons fantásticos como percepção intuitiva, consciência multidimensional e telepatia. Algumas são até capazes de se teletransportar! O lado positivo do aspecto paralelo é o fato de que, embora tenham um corpo físico deficiente, essas crianças são capazes de viajar no tempo e no espaço e por isso sempre se sentem livres. O aspecto paralelo também acarreta, como comentei antes, uma inteligência brilhante e um sentimento de conexão universal raramente visto na maioria dos seres humanos. Esses pequeninos são Mestres da Terra.

Para resolver uma situação de aspectos paralelos é preciso muito cuidado e atenção. Os aspectos paralelos não podem ser simplesmente assimilados ou integrados num só, pois um praticamente cancelará o outro. Em vez disso, é preciso atingir um tipo de sinergia entre eles. Para tanto, os dois aspectos precisam ser harmonizados, de modo que sejam capazes de trabalhar juntos em sintonia, de modo simples e suave, sem perder a individualidade. Essa harmonização é muito semelhante a um acorde musical, pois da sua combinação de notas, cria-se um terceiro conjunto de freqüências chamadas de sons harmônicos ou concomitantes, teoria física inferida do som musical. Os sons harmônicos ou concomitantes funcionam como uma ponte entre os dois aspectos, possibilitando a comunicação entre eles e entre todos os outros aspectos da criança. A harmonização sinérgica é muito diferente da assimilação, que ocorre quando os aspectos são simplesmente harmonizados como indivíduos.

Existe todo um grupo de crianças que tem aspectos paralelos. Eu as chamo de as Belas Silenciosas. Apesar dos vários reveses e deficiências físicas que muitas vezes acompanham os aspectos paralelos, essas crianças são mestres espirituais telepáticos e intuitivos que têm muito a ensinar a este mundo. O mais impressionante é que quase todas elas têm em torno de 11 anos agora. Esse fenômeno não tem nenhuma relação com o sexo das crianças, pois tanto meninos como meninas já entraram em contato comigo de várias maneiras. Esse contato é sempre telepático e às vezes envolve os pais, pois eles são as "vozes" que me telefonam, escrevem-me e-mails ou apresentam a criança em pessoa. Os pais normalmente nunca ouviram nada a meu respeito até que os filhos lhes peçam para que entrem em contato comigo!

Cada criança que se apresentou a mim já havia se identificado anteriormente como um dos orbes. Imagine que todos aqueles orbes de consciência que haviam se acoplado ao meu campo energético tinham nomes, rostos e personalidades – na verdade, eles eram crianças e mestres muito reais, cada qual por seus próprios méritos!

As NOSSAS BELAS SILENCIOSAS

CAPÍTULO 9

A coisa mais difícil para um pai e para as outras pessoas também é esquecer o fato de que a minha filha parece defeituosa e a idéia de que esse defeito precisa ser corrigido. Precisamos perceber que ela é um ser extremamente talentoso do jeito que é... ela só irradia o mais puro amor.

– Karen, mãe de Lorrin

Quando as crianças começaram a entrar em contato comigo na forma de orbe, pensei que a minha imaginação estava me pregando uma peça! Porém, à medida que elas foram se comunicando diretamente comigo, uma a uma, por telepatia, por meio dos pais ou aparecendo pessoalmente, eu passei a perceber que esse fenômeno é irrefutavelmente real.

Dentro do grupo de crianças que se comunica telepaticamente, existe um grupo menor que eu julguei ser o das Belas Silenciosas. Elas são crianças encantadoras que, à primeira vista, parecem ser tudo menos perfeitas, na verdade incapazes, pelo menos externamente. Mas, dentro delas, essas crianças carregam uma beleza muitas vezes impressionante em sua mensagem e que engrandece o coração em sua verdade. As nossas Belas Silenciosas podem ser Crianças Cristalinas ou das Estrelas; podem ser combinações de muitos padrões energéticos evolucionários. E, como nos outros casos, também podem não ser. Eu cheguei à conclusão de que essas crianças, em particular, são pioneiras da nova evolução da humanidade. Apesar da sua aparente disfunção, passaram para uma existência praticamente de consciência pura, enquanto ainda encarnadas no mundo físico. A sua sabedoria e pureza de coração estão muito além da percepção humana geral. Elas falam como se Deus falasse com elas e elas estivessem traduzindo as palavras Dele para o mundo.

Somos geralmente levados pela sociedade a pensar que as pessoas com necessidades especiais devem ser evitadas. Nós viramos o rosto, horrorizados, porque não queremos contrair algo que elas tenham. Olhamos para o outro lado, para não ficarmos embaraçados.

Comece a olhar.

Só porque uma pessoa está num corpo que não funciona bem, isso não significa que a consciência dela não esteja desperta e cheia de vida. Se você um dia encontrar uma criança como as que são descritas neste livro, nunca mais olhará para uma pessoa aparentemente deficiente da mesma maneira. Temos de prestar atenção!

As nossas Crianças Silenciosas são extraordinárias. Elas não parecem muito capazes ou instruídas, mas depois que vamos além da aparência externa, o que vemos são seres absolutamente funcionais, que têm muito a oferecer ao mundo. A consciência delas vaga livremente além do corpo físico, por toda a realidade. Elas viajam para outros tempos e lugares, e com um senso de humor que nunca deixa de nos assombrar. Elas se comunicam telepaticamente e com a maior facilidade. Como veremos mais à frente, as pessoas que convivem com essas crianças presenciam acontecimentos impressionantes. Elas ensinam um amor puro e absoluto simplesmente sendo o que são. E não pedem nada em troca. Embora elas possam não parecer nada mais que desafios para a família e para aqueles que cuidam delas, são na verdade grandes dádivas para o mundo. As Crianças Silenciosas são deficientes físicas por várias razões diferentes: mutação genética, lesões cerebrais ou na cabeça, reação a vacinas ou problemas congênitos, para citar algumas. Embora cada criança tenha um motivo para ser como é, esse grupo maravilhoso de crianças têm em comum algumas características surpreendentes.

Um pouco mais sobre William

Eu prometi anteriormente que falaria um pouco mais de William. Ele foi a primeira criança que projetou a consciência em forma de orbe para se comunicar comigo e depois se revelou uma criança humana muito real. Logo que começamos a trabalhar juntos, percebi que havia algo estranho acontecendo. Quando examinei os seus campos energéticos etéricos, vi duas pessoas em vez de uma. William já tinha sido paciente de uma agente de cura talentosa e ela havia descoberto a mesma coisa. Essa profissional costumava chamar a duplicata de William de chama gêmea. (A chama gêmea consiste em outro ser que se origina exatamente da mesma expressão energética original. Geralmente essas chamas gêmeas encarnam na forma de um casal perfeito, ou seja, duas pessoas que realmente se sentem como uma só. Esse é o amor perfeito!) Eu nunca tinha visto ou considerado uma chama gêmea como a duplicata de uma pessoa, por isso apenas observei e esperei instruções, até que recebi a informação de que se tratava de um aspecto paralelo de natureza intergaláctica. Em outras palavras, outra parte de William vivia em outro tempo e em outro planeta. Sim, isso parece muito estranho, mas era exatamente o caso. (É importante notar aqui que nem todas as Belas Silenciosas têm um aspecto paralelo. Eu não quero que ninguém pense que só porque uma criança tem limitações físicas isso significa que ela esteja fora do alinhamento multidimensional.) William foi a primeira de uma série de crianças que apresentou esse fenômeno. Com o tempo, e com a ajuda do próprio William, fomos capazes de corrigir esse fenômeno, criando uma ponte harmônica que permitiu a ambos os aspectos funcionar individualmente, mas de maneira harmoniosa, sem interferência mútua. William apresentou uma melhora constante desde então.

William é uma das Belas Silenciosas. Na época em que escrevi este livro, ele tinha 11 anos de idade, não falava e tinha dificuldades com relação ao espaço e à coordenação motora devido às suas limitações físicas. Ele é, no entanto, uma criança brilhante. Recebe aulas em casa e já superou a mãe em matemática. Ela agora se pergunta como fará para acompanhá-lo à medida que ele progride! William e eu já trabalhamos juntos em muitas ocasiões e, surpreendentemente, o seu campo energético está evoluindo na velocidade da luz. Quando comecei a trabalhar com ele, o campo de William era tipicamente de uma criança cristalina, com tons profundos de todas as cores do arco-íris. Por causa do seu aspecto paralelo, o campo apresentava interferência, causando movimentos irregulares no seu padrão energético. Cada vez que iniciávamos uma sessão, eu descobria que o campo de William estava mais refinado. Na época em que escrevi este livro, o seu campo era tão uniforme, tão perfeito, que estava em sintonia com tudo e com todos.

Algumas dessas crianças são tão sensíveis que desenvolvem idiossincrasias aparentemente estranhas, mas extremamente necessárias para que tenham uma vida confortável e às vezes até para que possam sobreviver. William era tão sensível que não conseguia usar sapatos e nem mesmo roupas por muito tempo. Isso era um tanto exasperador para a família e para quem visitava a casa dele! Ele acabou se acostumando com as roupas, mas ainda não consegue tolerar por muito tempo os sapatos. Isso acontece porque a energia que percorre seu corpo é tão forte a ponto de causar certo desconforto físico quando sai pelos pés. Se ele usa sapatos, os pés se aquecem demais e ele se sente mal. Se William consegue sentir a terra embaixo dos pés, acha mais fácil ficar conscientemente presente no nosso mundo. A mãe de William procura manter o bom humor ao falar das esquisitices do filho. William já é famoso por apagar as lâmpadas de rua ao passar embaixo delas e por provocar outras anomalias elétricas, como o blecaute em edifícios. Embora às vezes fique um pouco exasperada com ele, a mãe aprendeu a encarar com bom humor a singularidade do filho e lhe dá todo apoio.

Desde que William se mostrou para mim na forma de orbe, temos nos comunicado por telepatia regularmente entre as nossas sessões. A sua figura surge na minha cabeça nos momentos mais inesperados e, às vezes, provoca situações hilárias. Pouco tempo atrás eu estava num estúdio de gravação na cidade de Nova York, trabalhando num novo CD de relaxamento para crianças a fim de ajudá-las a superar os seus medos, problemas, preocupações, e despertar sentimentos positivos que pudessem compartilhar com as pessoas à sua volta. A meditação conduz a criança a uma jornada interior de descoberta em que elas vão abrindo caixinhas, onde encontram diferentes conteúdos.

Numa parte desse CD, eu estimulava as crianças a encher a "caixa da imaginação" com qualquer coisa que quisessem (essa caixa é vazia, pois a imaginação é ilimitada). Como sou uma pessoa extremamente visual, eu mesma via e vivenciava tudo o que pedia para a criança fazer. De repente, de um modo meio familiar, a minha realidade mudou e a caixa na minha imaginação se encheu de sapos que começaram a pular e se espalhar por todo lado. Eu sabia que William já tinha invadido a minha realidade uma vez. Comecei a rir, pois percebi o que estava acontecendo. Eu mantive essa parte no CD, pois ficou muito mais engraçado para quem ouve.

Quando sente que já está pronto para avançar no trabalho de cura, William entra em contato comigo telepaticamente. A mãe dele fica muitas vezes desconcertada quando me manda um e-mail marcando uma consulta e eu a informo que já fiz isso. Mas ela tem um grande senso de humor e nem preciso dizer que acabamos rindo muito da situação. Como todas as sessões são à longa distância, quando trabalho com William peço que ele participe etericamente. Isso é possível graças aos seus talentos multidimensionais. Quando ele contribui com a sessão, os seus resultados são fantásticos. Trabalhar com ele também tem o seu lado engraçado. Uma vez, quando eu estava concluindo a sessão de cura com William, a minha "ligação" foi cortada e a minha mente se encheu de imagens, como se fossem cenas de um filminho de palhaços. Muitos deles! Todos fazendo caretas para mim e outras coisinhas bobas. Eu explodi numa gargalhada. Aparentemente, William havia decidido que já era hora de encerrar a nossa sessão. Telepaticamente, eu respondi que sabia que a sessão terminara. Tudo bem, tudo bem, já entendi, William!

Numa outra ocasião, quando acabávamos uma sessão, a minha realidade mudou e eu vi uma tripulação inteira de pessoas esquisitas aparentemente a bordo de uma nave espacial não muito diferente da ponte de comando da Enterprise de *Jornada nas Estrelas*. A única diferença era que a nave que eu via na minha tela mental estava um pouco mais gasta. Um homem muito alto parecia estar no comando. Quando telefonei para a mãe de William, ao término da sessão, perguntei-lhe se o filho tinha algum interesse especial pelos episódios de *Jornada nas Estrelas*. O que ela me disse foi impressionante. "Ah! Você está se referindo ao cara altão? É o melhor amigo de William, Ooloo. Ele já visitou a minha irmã com Ooloo muitas vezes."

William muitas vezes visita a tia do mesmo modo que me visita. Ele também entra em contato com pessoas com quem gostaria de trabalhar ou se encontrar e as avisa de que está chegando. A sua telepatia não é de modo algum limitada a mim, e progride continuamente à medida que o círculo de pessoas que podem ouvi-lo continua a se expandir. William também se refere a outras crianças quando está comigo. Ele me avisa quando elas estão prontas para o trabalho que faço. A indicação que ele faz de outras crianças tem muito a ver com o estágio de evolução do campo de energia delas. Se ele ainda não está suficientemente refinado, William pede que elas esperem. Quando o campo atinge certo estágio de desenvolvimento, ele passa essas crianças para mim.

Sob um ponto de vista mais sério, como parte da sua cura, William e eu fazemos "viagens" juntos ao passado, e até mesmo a vidas de alguns dos seus outros aspectos. Existem razões para isso. Quando vivemos a nossa vida, e já vivemos outras antes desta, trocamos energia constantemente com outras pessoas, lugares e até situações. Cada vez que iniciamos uma nova experiência de vida, carregamos conosco tudo o que fomos e fizemos até aquele ponto. Às vezes, parte dessa energia está desequilibrada ou prejudicada. William decidiu que precisava voltar à Atlântida. Ele não explicou a razão; simplesmente disse que era importante. Pediu à mãe que reservasse um horário comigo para que eu pudesse ajudá-lo a voltar lá. Na hora combinada, fizemos justamente isso. William conhecia muito bem a Atlântida e levou-me a lugares que eu nunca tinha visto em minhas jornadas de consciência. Logo ficou claro para mim que a vida de William na Atlântida terminara antes que ele pudesse concluir alguns assuntos, e foi justamente isso que ele fez durante a nossa excursão. O momento em que ele completou a tarefa pela qual esperara muitas vidas para concluir foi extremamente tocante e significativo.

Durante essa expedição em particular, depois que havíamos concluído o nosso objetivo principal, tivemos a chance de brincar um pouco. Vimo-nos num campo às margens de um rio, cheio de flores do campo. Parecia o começo da primavera. William começou a correr pelo campo (o que era algo muito belo de se ver, pois até mesmo andar era um desafio para ele neste mundo!). Ele estava exultante, me provocava para que eu o acompanhasse, lembrando-me de que não havia razão para não conseguir só porque eu estava fora do corpo! Depois de atravessar o campo, chegamos a um casebre. O que vi em seguida foi o interior de um pequeno cômodo. William olhava para baixo com uma expressão de pura reverência e amor. Quando acompanhei o seu olhar, vi uma mulher segurando um bebê. A emoção me deixou sem palavras quando William me apresentou à sua chama gêmea, o seu eterno amor, que nesse tempo e lugar havia acabado de nascer. Ela era um bebezinho lindo com olhos azuis cristalinos, que estavam sonhadoramente alertas e pareciam possuir uma sabedoria sem idade. William tocou a sua cabecinha com delicadeza e eu pude ver que toda a energia do seu coração estava literalmente se derramando sobre o bebê, cheio de amor. Claro que chorei. A cena era de uma beleza indescritível. Imagine sermos capazes de encontrar o nosso amor eterno em qualquer tempo, até mesmo em outro tempo e espaço!

"Lá fora" a deficiência de William simplesmente não existe. Ele é plenamente capaz e se enche de entusiasmo quando se vê livre do seu corpo físico, restrito e deficiente. Brincar com William no plano etérico é muito divertido. O fato de viajarmos dessa maneira é impressionante, porque ele mora na Califórnia e eu moro no Tennessee, a muitos quilômetros de distância! No entanto, podemos ouvir um ao outro como se estivéssemos no mesmo cômodo. Já fizemos várias viagens juntos e eu nunca deixo de me impressionar quando me pergunto como tudo isso é possível. Mas é possível, e com a prática vai ficando mais fácil.

Outras crianças têm se apresentado da mesma maneira. Para mim, essa é uma experiência alucinante. Quando elas começaram, eu definitivamente questionei se estaria perdendo o juízo. A maioria das pessoas sãs não costuma andar por aí se comunicando com orbes invisíveis e falando com eles como se falassem com pessoas de verdade! Mas tudo isso é muito real e ainda acontece. William apenas foi o primeiro. Isso não foi um vôo da imaginação ou uma insanidade temporária – muito pelo contrário. Os orbes continuam a se apresentar e a se comunicar, e à medida que o tempo passa eu percebo que um número cada vez maior deles tem rostos, nomes e famílias. Todo dia vivo uma aventura surpreendente e já tive confirmações suficientes, pais e outras pessoas envolvidas em número suficiente, para corroborar as minhas experiências e confirmar a realidade dessas comunicações. Alguns desses pais me disseram que eles nunca tinham ouvido falar de mim antes que o filho insistisse para que entrassem em contato comigo. Logo todos nós descobrimos por quê!

Lorrin

Certa vez eu estava em Scottsdale, no Arizona, para uma conferência chamada Celebrate Your Life. Eu estava conversando com um conhecido meu, de costas para a sala de conferência. De repente, assim como costumava acontecer com William, a minha percepção se alterou radicalmente e eu perdi completamente o fio da conversa. Ao mesmo tempo ouvi alguém dizer, "Olá! Consegui!" Havia em torno de duas mil pessoas ali, mas eu tinha uma boa noção do que iria ver ao me virar. Havia uma deslumbrante menina de 11 anos com uma farta cabeleira vermelha, grandes olhos azuis e uma presença que de fato resplandecia. Ela parecia ter, pelo menos fisicamente, uma grave deficiência. Mas eu não me deixei enganar!

Lorrin estava numa cadeira de rodas e era quase incapaz de levantar as mãos ou as pernas. A cabeça pendia para o lado e, à primeira vista, era como se ela estivesse completamente alheia ao que acontecia à sua volta. Olhei bem nos olhos dela ao me aproximar e pude ver que Lorrin estava totalmente presente, consciente e limitada apenas pelo corpo físico. Pedindo permissão, eu a toquei delicadamente. Para mim, o seu campo energético era como flutuar em amor liqüefeito. Perguntei se ela era uma das garotinhas que vinha conversando comigo há algum tempo. Ela ergueu as sobrancelhas ("Sim!"). Calculei que era. Lorrin e eu conversamos por um tempo telepaticamente. Enquanto isso, a mãe dela, Karen, e eu ríamos da situação. A mãe dela era uma figura e tanto. Falar com Lorrin e a mãe foi a mais pura alegria. Nós interagimos durante uns quinze ou vinte minutos, até que uma avalanche de pessoas invadiu a sala e se acomodou nas fileiras de poltronas para assistir às palestras seguintes.

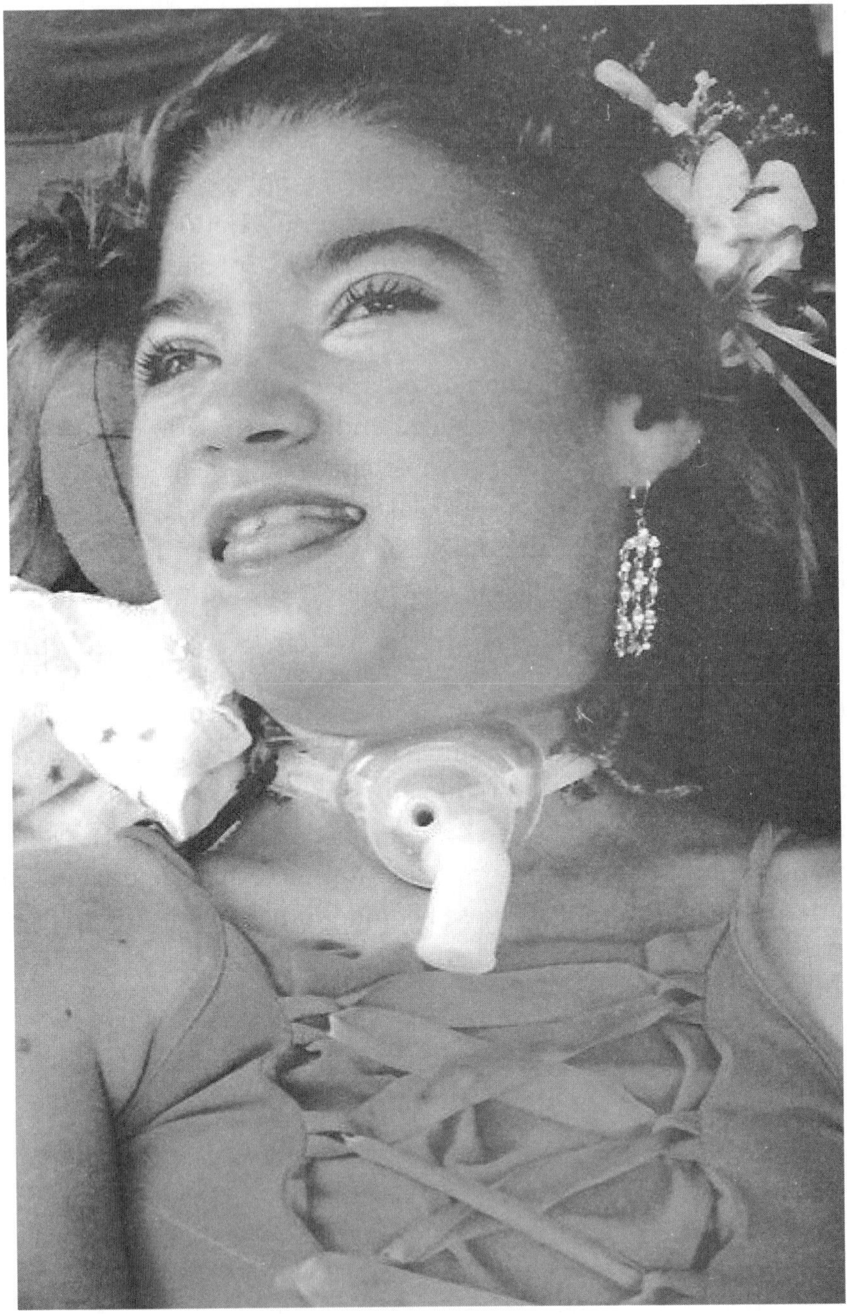

Figura 9. Lorrin

Nessa mesma noite, enquanto eu dormia, os meus sonhos foram interrompidos e fui arrancada repentinamente do sono. Quando me sentei na cama, a minha cabeça se encheu de imagens de Lorrin. A princípio pensei que estivesse sonhando, mas quando percebi que estava sentada na cama e completamente desperta me dei conta de que Lorrin estava se comunicando comigo. O que as viagens fora do corpo têm de mais impressionante é o fato de não existir tempo nem espaço; então que importância tinha para Lorrin estarmos no meio da noite? A cantora favorita dela é LeAnn Rimes e o seu maior desejo era dançar alegremente como uma bailarina, livre do corpo que a restringia. Agora, totalmente desperta, eu literalmente assistia à apresentação dela com o olho da mente. Lorrin inundou a minha mente com imagens dela dançando. Ela calçava sapatilhas de balé e estava na ponta dos pés, erguendo e agitando os braços com graça, como se eles fossem asas diáfanas, e cortando o ar em torno dela enquanto rodopiava e saltava pelo salão de dança. Nas visões que Lorrin me transmitia havia espelhos por toda parte, e onde quer que olhasse eu via reflexos infinitos do seu belíssimo eu, flutuando pela sala com desenvoltura. Eu ri alto e adorei cada minuto desse doce recital. Ela era outra esplêndida criatura com um grande senso de humor! Quando Lorrin e a mãe me procuraram no dia seguinte, eu mencionei brincando a visita que ela me fizera durante a noite. Ela ergueu as sobrancelhas ("Sim!") e sorriu. Durante todo aquele final de semana, fui interrompida com mensagens telepáticas dizendo "Venha cá" ou "Vá até ali". Em todas as ocasiões em que eu obedeci espontaneamente aos comandos, corria e encontrava quem? Lorrin! Isso virou até uma piada entre a mãe da minha amiguinha e eu. Passamos ótimos momentos juntas.

Numa conversa posterior com Karen, a mãe de Lorrin, nós comentamos a respeito dos dons especiais da menina e da maneira como as pessoas estavam sempre gravitando em volta dela. Ela irradia de dentro dela amor absoluto e é deslumbrante em sua deficiência. Karen disse que a coisa mais difícil para um pai de uma criança tão superdotada é esquecer o fato de ver a filha como algo defeituoso que precise de conserto. Afinal de contas, é só a aparência externa, o funcionamento físico, que é afetado. Interiormente, para todos que conseguem ouvi-la, ela é perfeita.

Karen posteriormente descreveu alguns dos efeitos extraordinários que Lorrin tem sobre aqueles que encontra. Por exemplo, três pessoas diferentes deixaram de fumar espontaneamente logo depois de estarem com Lorrin. Nenhuma delas tinha a intenção de desistir do vício antes de conhecê-la. Lorrin parece ter capacidades inerentes para comunicar e instigar certos tipos de cura em algumas pessoas.

Crianças como Lorrin são uma grande lição para todos. Quando encontramos pessoas e circunstâncias que não se ajustam à nossa idéia do que seja "normal", costumamos muitas vezes reagir com repulsa ou medo, pois socialmente fomos ensinados a achar assustador tudo o que é diferente. Nem sempre temos o preparo necessário para agir com elegância e naturalidade nessas situações. Os dons ocultos em nossas crianças especiais estão além de qualquer medida. Não nos deixemos enganar!

Brian

Esta história sem dúvida desafiará ainda mais o senso de realidade do leitor, pois é totalmente fora do comum. É por causa da sua extrema diferença que eu a incluí aqui. As Crianças de Hoje nunca deixarão de pôr em xeque o nosso senso de realidade!

O caráter singular das Crianças de Hoje transpõe o tempo e o espaço e alcança realidades com as quais a maioria de nós não está familiarizada. Essa capacidade de transpor o tempo e o espaço à vontade é muito real e algo fascinante para se experimentar. Ela exige que deixemos para trás tudo o que pensamos que sabíamos sobre percepção e realidade – e não há nada de errado com isso. Temos muito que aprender com as nossas Belas Silenciosas.

Algumas semanas depois de conhecer Lorrin e Karen no Arizona, eu fui para Minnesota participar de um encontro fechado de talentosos trabalhadores da luz. Toda a viagem foi mágica, do começo ao fim. A nossa anfitriã, Nancy, escreveu-me um e-mail perguntando se eu participaria de uma cerimônia íntima na cabeceira do rio Mississippi, no lago Itaska. A ocasião era perfeita, pois não fazia muito tempo que o furacão Katrina tinha devastado a Costa do Golfo. Nancy providenciou passagens aéreas para mim e para o meu marido e partimos. Eu não conhecia Nancy antes de ela me mandar o e-mail e presumi que ela me conhecesse por causa do meu boletim eletrônico, como muitos outros que me mandavam mensagens eletrônicas. A mais pura orientação me levou até lá.

Na manhã após a nossa chegada, eu ouvi alguém perguntar a Nancy como ela havia conseguido reunir um grupo de pessoas tão selecionado e ela disse basicamente que o trabalho dela era reunir a "família". Ela explicou que o encontro de fim de semana era, para ela, uma oportunidade de cura e regeneração, por isso todos nós voltaríamos para casa revigorados e descansados o bastante para compartilhar os nossos dons. Quando os outros membros do grupo começaram a chegar para o café da manhã, eu me aproximei de Nancy e perguntei se ela estava na lista de pessoas do meu boletim eletrônico. Ela não estava. Isso despertou a minha curiosidade. Sua intuição lhe dissera para me procurar e ela fizera exatamente isso. Embora eu tivesse certeza de que muitas coisas ainda aconteceriam, não sabia aonde aquilo ia me levar e então resolvi esperar para ver.

Durante anos eu tinha escrito e falado num idioma que eu chamo de linguagem da luz. Trata-se de uma linguagem conceitual com uma capacidade imensa para cura e para o ensino, pois ela é pura energia. A linguagem da luz é constituída de símbolos vivos que contêm ensinamentos inteiros em muitos níveis. Às vezes eu me pego até pensando nessa língua. Eu costumava pensar que ninguém mais a conhecia; no entanto, tenho encontrado ao longo dos anos outras pessoas com fluência nessa linguagem. Recentemente, conheci um grupo que começou a receber esse dom também.

Nessa manhã, durante o café, conheci o chefe Águia Dourada (também conhecido como Alce Sentado), da nação Lakota sioux, e a sua adorável mulher, Maria. Águia Dourada e eu logo começamos a entabular uma conversa que, por fim (e de maneira perfeita) acabou nos levando a falar sobre os símbolos. Enquanto conversávamos, ficou evidente que o chefe tinha grande familiaridade com os símbolos. Eu perguntei a ele empolgada, "Você entende os símbolos também?"

Sem dizer uma palavra, ele se levantou e foi até a sua caminhonete. Quando voltou, estendeu-me um caderno repleto de anotações sobre os símbolos com os quais eu trabalhava havia anos. Eu liguei o meu computador e comecei a mostrar ao chefe um baralho que eu tinha desenhado, evidentemente, com os símbolos. Ficamos extremamente empolgados um com o outro! Conversamos muito sobre as nossas traduções e sobre as diferenças no posicionamento ou na direção, que alteravam o significado dos símbolos. (Referências aos símbolos vivos podem ser encontradas nos manuscritos Nag Hammadi, no Evangelho da Verdade. Esses documentos antigos, descobertos na década de 1940, foram encontrados em vasos de barro escondidos numa caverna em Nag Hammadi, às margens do Mar Vermelho. Eles aparentemente fazem parte da Biblioteca Gnóstica, considerada herética na época em que foram ocultados, mais de 2000 anos atrás.)

No dia seguinte, Bennie LeBeau (conhecido também por Trovão Azul), outro ser espiritual de grande beleza e bondade, mostrou-me outras peças do quebra-cabeça. (Bennie é da Nação Shoshone e passa a maior parte do tempo realizando cerimônias baseadas em formação de grades etéricas de proteção e em locais sagrados para curar a Terra. Quando reconecta as grades sagradas, Bennie cura também a água; fontes que secaram muito tempo atrás recuperam a vida e voltam a jorrar e o fluxo de água continua intenso mesmo depois da partida de Bennie. Onde havia secas, a chuva e a umidade são abundantes agora). Bennie e eu começamos a conversar e logo veio à baila o assunto dos símbolos. Eu não me surpreendi com o fato de Bennie conhecê-los também. A certa altura da conversa, o chefe se juntou ao nosso grupo e Nancy só ficou observando com um merecido sorriso maroto de satisfação no rosto. Aos poucos foi ficando claro por que alguns de nós estavam reunidos ali.

Comecei a contar a Bennie e ao chefe sobre William, e como ele se comunica comigo telepaticamente, e sobre outras crianças que também fizeram contato comigo. William havia me dito que também conhecia os símbolos, por isso eu descrevi em linhas gerais as minhas experiências com ele para Águia Dourada e Bennie. Nancy ouviu de longe o que eu dizia sobre William não falar fisicamente e então veio correndo e agarrou o meu braço. Ela falava tão rápido que eu mal conseguia distinguir as palavras. "Você tem de ver isso. Eu achava que era um bebê muito esperto quem tinha feito isso, mas agora tudo faz sentido. Olhe! Eu comprei isto numa feira de artesanato – era o avô da criança o dono da barraca!" Nancy estava muito empolgada. "O avô disse que a criança não falava ainda e tudo o que ela fazia era desenhar esses símbolos. O avô não disse muito mais do que isso; parecia que ele não se sentia muito à vontade falando do neto. Supus que a criança fosse de fato muito pequena e agora percebo que talvez eu tenha entendido mal o que o avô quis dizer."

Enquanto dizia isso, Nancy abriu uma porta do armário da cozinha e tirou dali uma impressionante peça de cerâmica. Ela tinha o formato de um pires e inscrições de símbolos em círculos concêntricos em torno de toda a borda – com vários conjuntos de símbolos uns dentro dos outros e o desenho de uma espiral no centro. Tão logo eu vi o pires, as consciências órbicas das crianças em meu campo energético começaram a falar comigo, todas de uma vez só. Elas estavam muito alvoroçadas. Diziam-me que esse menino estava perdido e que nós poderíamos ajudá-lo. Rapaz! A vida estava ficando a cada dia mais estranha e excitante!

Evidentemente, a próxima coisa a fazer era entrar em contato com o criador do pires e conversar com ele. Como a peça tinha sido comprada numa feira de artesanato, não fazíamos idéia de como poderíamos entrar em contato com a família, por isso tivemos de fazer isso telepaticamente. Embora as crianças não tivessem dificuldade para entrar em contato comigo, para mim isso ainda era novo. Eu não sabia muito bem como fazer contato, mas, como sempre, o que aconteceu foi impressionante. Providenciamos um espaço onde todos poderiam se reunir. Quando segurei o pires na mão, abri a minha consciência e, de repente, informações começaram a pipocar na minha mente. O criador do pires entrou no meu campo na forma de orbe e começou a conversar comigo. Nós o chamaremos de Brian. Eu ouvi cuidadosamente o que tinha a me dizer e depois transmiti as palavras dele ao nosso grupo.

Perguntamos a Brian por que ele havia feito aquela peça em particular. Ele disse que a fizera porque sabia que um dia a pessoa certa iria vê-la, reconhecer a mensagem e entrar em contato com ele – e isso tinha finalmente acontecido! (Esse é outro daqueles momentos da vida em que você simplesmente sabe que tudo o que achava saber sofre uma reviravolta. A realidade se expande e não existem cintos de segurança, por isso não adianta tentar evitar. O impulso levará você aonde precisa estar!) Quando girei o pires nas mãos, notei certos padrões dentro do desenho. Havia muitos níveis de símbolos diferentes, começando da borda da peça até a parte central.

Bastou girar o pires para que o aspecto paralelo de Brian começasse a falar comigo telepaticamente. A história que me contou foi intrigante. Ele disse, "Você tem de ler isso holograficamente. Olhe os números primeiro". Então eu comecei a contar as marcas e os símbolos. Brian explicou sobre a genética do "seu povo". Disse-me que parte do código que ele havia criado ao confeccionar o pires explicava a estrutura do DNA desse povo. Segundo ele, os habitantes do seu planeta na verdade tinham quatro fitas de DNA (enquanto nós, seres humanos, só temos duas) e exatamente o dobro de códons genéticos. (Um códon é uma seqüência específica de três bases adjacentes numa fita de DNA ou RNA que transmite o código de informação genética para o aminoácido. Basicamente, eles dizem ao DNA como ele deve funcionar e se comunicar com o RNA. Os códons dizem ao nosso corpo quando interromper e começar a miríade de processos que ocorrem constantemente dentro de nós. Certos conjuntos de códons ainda contribuem para atividades anômalas do corpo.)

Figura 10. Vista frontal do pires de cerâmica.
Embora seja difícil visualizar na foto, a peça é côncava, como uma tigela bem rasa. (A legenda é cortesia de Nancy Kuhta.)

Brian nos disse que o seu aspecto paralelo provinha do planeta Steara. Ele explicou que o DNA dos steareanos tem aspectos holográficos que se comunicam de modo muito semelhante ao cristal líquido. O cristal líquido cria um campo fluido de energia no qual a comunicação é imediata e pura, além de poder conter grandes quantidades de informações em formatos diminutos. Ele disse que o nosso DNA tem uma capacidade tão grande quanto o deles, embora não seja tão evoluído. Ele continuou, dizendo que o DNA dos steareanos é capaz de harmonizar de modo intencional e completo as comunicações em realidades paralelas. Disse que essa estrutura genética também dá a eles a capacidade de desmaterializar o corpo para viagens intergalácticas. Em outras palavras, eles têm a capacidade de fragmentar o seu corpo em

Figura 11. O pires de cerâmica em maiores detalhes.

formatos mais básicos e essenciais e navegar canais através do tempo e do espaço, até atingir outras realidades, planetas, sistemas solares, galáxias e assim por diante. Brian também me contou que o seu povo era extremamente avançado do ponto de vista tecnológico e tinha aprendido a viajar nos "interstícios" – túneis parecidos com os buracos de minhoca, mas muito mais complexos e que por isso exigem dos viajantes certo nível de desmaterialização. Isso é impressionante – um "teletransporte" intencional e autoprovocado!

Enquanto Brian "falava", mostrava-me visualmente o que descrevia para todos – a minha cabeça foi inundada de imagens de outro planeta, os tais "interstícios" e redução e assimilação particuladas. Ele me mostrou que os steareanos são capazes de estimular as suas partículas com a consciência, levando-as a se separar em diferentes relacionamentos harmônicos e assim navegar nos "interstícios", como campos de energia e alcançar destinos certos no tempo e no espaço. Era como se eu tivesse saltado em meio aos efeitos especiais de um filme de ficção científica, com Brian como diretor.

Brian disse que os steareanos são muito mais evoluídos do que os seres humanos. Não usam palavras para se comunicar porque não precisam; eles se comunicam telepaticamente ou com símbolos. Esses símbolos transmitem blocos de informação que não devem ser lidos separadamente. Brian disse que os símbolos são conjuntos de freqüências harmônicas semelhantes aos nossos campos de energia. Os símbolos no pires contam uma história fantástica de batalhas planetárias, a linhagem galáctica de Brian e até coordenadas estelares.

Brian, a propósito, contou-me sobre um sistema solar na parte central da nossa galáxia em que havia ocorrido uma catástrofe. Aparentemente, o sistema solar, Andion, descreve uma órbita elíptica em torno de três sóis. (A rotação em torno dos sóis consistia num longo processo e os dias do planeta de Brian não eram como os daqui da Terra.) A órbita de Steara fora alterada para sempre por um buraco negro no centro da galáxia. (Um buraco negro é, na verdade, um mecanismo de regulagem entre universos. Quando o nosso universo se expande, o buraco negro drena a energia em excesso para um universo paralelo. Existem buracos negros em todos os universos, e esse sistema de "checagem e regulagem" preserva o equilíbrio entre os níveis de realidade.) Devido ao desequilíbrio gerado pela poderosa força gravitacional do buraco negro, o planeta natal de Brian tinha saído da sua órbita normal. A inclinação no eixo do planeta ocasionou uma inversão dos pólos que, por sua vez, iniciou um efeito de bamboleio. O norte magnético verdadeiro foi alterado e as propriedades gravitacionais do planeta também. Em vez de traçar uma elipse em torno dos três sóis, a órbita de Steara passou a apresentar um padrão desequilibrado. Era como um foguete tentando corrigir seu curso sem um giroscópio. Steara colidiu com um corpo celeste errante. A destruição do planeta foi completa e imediata.

Existiam treze planetas no sistema solar Andion. Agora existem doze.

Na época da destruição planetária de Steara, havia um grande número de steareanos "em missão". Pelo fato de estarem fora do planeta na época da catástrofe, eles sobreviveram, mas com o dilema de não ter mais um lar para onde voltar. Brian continuou, dizendo que havia um planeta em seu sistema solar cuja atmosfera verdejante não era habitável para os steareanos, mas seria para outros povos. De acordo com ele, o ar não é compatível com o corpo deles, composto por uma dose considerável dos minerais irídio e molibdênio. É a presença maciça desses dois minerais que contribui para que esse povo possa trabalhar em harmonia com o universo. O corpo dos seres humanos, em contrapartida, é formado de carbono. Brian disse que os steareanos podem parecer uma anomalia aos olhos humanos, mas são os seres humanos que são anomalias, pois estamos muito atrás de outras civilizações em nossa evolução. Ele também disse que o cérebro dos steareanos tem inúmeras conexões e que eles são capazes de criar tecnologias inimagináveis.

A cultura em Steara era estruturada com base no bem de todos. Em outras palavras, todos visavam ao interesse do planeta e uns dos outros. Brian disse que nós, na Terra, estamos no "mau caminho" porque não prestamos atenção ao que é importante para a nossa sobrevivência. Ele disse que o povo da Terra vive guerreando por nada:

> Boa parte das pessoas da Terra é como uma criança mimada. Todo mundo acha que os outros é que são responsáveis pelo que acontece com elas ou são culpados pela sua infelicidade. Esse modo de pensar é bem diferente do bem de todos e não funcionará indefinidamente. Ninguém é melhor do que ninguém e, se vocês não mudarem o seu modo de pensar, causarão a sua própria ruína. A maioria dos seres humanos tem uma visão tão exaltada de si mesma em relação a todos os outros que fecharam a porta para o acesso consciente a uma realidade maior. Isso pode ser mudado. Aprendemos com os nossos erros e, se estiverem dispostos a ouvir, nós podemos ajudá-los. Existem alternativas muito mais limpas e fáceis para os tipos de combustíveis que usam atualmente.

Os que vocês usam agora poluem todos os aspectos do seu ambiente e provocam um desequilíbrio na Terra. Além disso, o suprimento é limitado.

Brian transmitiu muitas outras informações, mas o mais importante aqui é saber que, em algum lugar lá fora, existe uma criança com capacidades extremas e uma tecnologia fantástica a oferecer ao mundo. Eu pedi a Brian que arranjasse uma maneira de se comunicar como as outras crianças, em particular com Nancy ou aqueles que moram na sua região, pois assim ele poderia receber um apoio maior para ser quem é. Para a minha grande surpresa, Brian apareceu em pessoa com a avó!

As nossas Belas Silenciosas estão tapeando os nossos sentidos. Embora possam aparentar extremas limitações externamente, se tivermos disposição para ouvi-las, elas têm um universo a nos oferecer. O primeiro passo é nos abrirmos para as possibilidades de realidades alternativas, pois elas de fato existem. O passo seguinte é deixar de lado a idéia de controlar e simplesmente nos mantermos no presente. Se fizermos isso, teremos mais chance de perceber inúmeras coisas que deixamos escapar em todas as nossas vidas. Deixemos que as crianças nos ensinem as complexidades da criação com a inocência do seu ser!

As Crianças Transicionais

Capítulo 10

As Crianças Transicionais são um grupo muito especial de seres que vieram para a Terra depois das Crianças Índigo e tinham de 16 a 22 anos de idade quando este livro foi escrito. Pegas pelo fogo cruzado das forças evolutivas, as Crianças Transicionais vieram à Terra com uma mescla de energias. É como se, na época em que chegaram, elas tivessem recebido um pouco de cada tipo de energia, que depois foram mescladas. Elas não são Índigos, mas carregam certa dose de energia Índigo (elas têm, por exemplo, uma forte impressão de que os paradigmas pelos quais vivem não são verdadeiros). Não são Cristalinas, mas uma parte do seu campo energético funciona de maneira parecida com o das Crianças Cristalinas. Em muitos sentidos, as Transicionais são tão sensíveis e talentosas quanto as Cristalinas. Não são Crianças das Estrelas; no entanto, também apresentam muitos dos seus atributos. Algumas delas são brilhantes e têm um conhecimento inerente de muitas coisas sobre a Terra e os mundos extrafísicos.

As Crianças Transicionais às vezes servem como "pontes" entre as forças energéticas, e há ocasiões em que são fenômenos fascinantes. Por exemplo, uma criança equilibrada, mas que apresente padrões de energia tanto Índigo quanto Cristalinos, pode parecer rebelde, embora de uma maneira deliciosamente criativa. Caso em questão: um jovem de Norfolk, Virgínia, chamado Chris Garnett se uniu ao PETA, um grupo de ativistas que defende os direitos dos animais e faz um trabalho de prevenção contra a crueldade a animais. O grupo tem feito uma campanha contra a cadeia de restaurantes de comida rápida Kentucky Fried Chicken, alegando crueldade no tratamento dos frangos. Chris entusiasmou-se tanto com a causa que se tornou manchete de jornal, pouco tempo atrás, ao alterar legalmente o seu nome para Kentucky-Fried-Cruelty-dot-com. Nesse caso, vemos que Chris tem a visão que rompe paradigmas das Índigos, combinada com a energia socialmente consciente das Cristalinas. Segundo ele mesmo, o seu novo nome "nunca deixa de causar discussão".

Outro exemplo impressionante de forças energéticas Índigo e Cristalina combinadas é Farris Hassan, de 16 anos de idade. Farris ganhou fama internacional com a sua odisséia solitária ao Iraque. A família dele é desse país, mas morou nos Estados Unidos durante trinta anos. Depois de planejar uma viagem com a escola durante os feriados de Natal, Farris fez as malas e partiu. No entanto, em vez de se reunir aos colegas de escola, ele pegou o passaporte e 1.800 dólares e viajou por conta própria para o Iraque. Uma vez lá, escreveu um e-mail aos pais contando sobre seu paradeiro. Farris estudava jornalismo de imersão no colegial e a sua intenção era mergulhar no cotidiano dos iraquianos para entender melhor a guerra e os efeitos que ela causava sobre o povo. Farris também queria testemunhar as eleições parlamentares de dezembro de 2005, que mudariam a história do país. Embora o consulado advertisse os americanos para que não visitassem o Iraque, Farris não teve dificuldade para entrar na zona de guerra em Bagdá. Ao chegar lá, ele se apresentou a alguns repórteres da agência de notícias Associated Press, que estavam hospedados no mesmo hotel. "Eu decidi que faria o possível e o impossível para estar aqui", disse a eles. Os repórteres acabaram conseguindo a ajuda do exército americano e as tropas escoltaram Farris de volta para casa. Ele foi recebido por uma legião de repórteres. Outro caso de energias Índigo e Cristalina combinadas com consciência social e feitos notáveis!

Não existem dois conjuntos de energia transicional iguais. As crianças que são afetadas pelas novas energias reagem de mil maneiras diferentes e isso nem sempre produz o resultado positivo e divertido desses jovens descritos acima. Algumas dessas crianças vão parecer hiperativas ou instáveis em decorrência da confusão que reina em seus sistemas energéticos como um todo. Basicamente, as mesmas flutuações energéticas em seus campos que produzem talentos excepcionais podem causar uma miríade de problemas. Essa situação também causa grandes oscilações na estabilidade emocional e na capacidade de lidar com os fatos do dia-a-dia.

As Crianças Transicionais têm uma percepção impressionante de muitos se não de todos os níveis de realidade, embora muitas vezes lhes faltem habilidades ou a capacidade de integrar de maneira lógica essas experiências no cotidiano. Por causa disso, muitas delas ficam com raiva, frustradas ou até doentes. Elas têm um senso cósmico de que nada está certo no mundo delas, mas, por causa da barragem criada pelas informações intuitivas e extrafísicas que recebem constantemente, elas parecem não deslindar as respostas ou soluções para os seus sentimentos e percepções. O que vêem e vivenciam fora da realidade tridimensional é muitas vezes tão bizarro que essas crianças deixam de se comunicar com a família e com os amigos e começam a internalizar as suas experiências.

Algumas das Crianças Transicionais vêem a realidade de uma maneira muito diferente da maioria das pessoas. Guias etéricos, anjos, espíritos daqueles que já morreram e até o que elas às vezes descrevem como demônios (que na verdade nada mais são do que seres de dimensões inferiores) são muitas vezes vistos e vivenciados por essas crianças. Na verdade, algumas das Crianças Transicionais com quem trabalhei diziam-se frustradas por nunca terem privacidade, pois sempre havia com elas uma multidão de seres extrafísicos. À medida que crescem, as Crianças Transicionais costumam se sentir menos seguras. Elas estão sempre se queixando da presença de seres sombrios e sentem que esses seres estão ali para influenciá-las ou até fazer mal a elas. E muitas dessas crianças não contam essas coisas a ninguém. Vivem dia após dia confusas e cheias de medo. Quanto mais perturbadora a situação, maior o sentimento de desânimo e abatimento. Algumas dessas crianças de fato passam a acreditar que são influenciadas ou possuídas por entidades sombrias. Na maioria dos casos, isso não é verdade.

As Crianças Transicionais não entendem que as visões que têm são simples manifestações de outros planos de realidade. Como ninguém mais consegue ver o que elas vêem, as crianças começam a acreditar que não são normais e passam a sentir uma profunda solidão. Portanto, tornam-se vítimas dos seus próprios dons especiais. Tudo parece pesado e chocante para as Crianças Transicionais, e quando entram na adolescência muitas passam a acreditar que há algo de muito errado com elas. A idéia de que são "defeituosas" é devastadora para essas crianças. Elas se tornam melancólicas e começam a demonstrar esse sentimento por meio da arte, da decoração do quarto delas, das roupas que vestem ou até mesmo das suas atividades. O comportamento autodestrutivo é comum. Se elas se curvam diante dessas energias sinistras, podem se envolver com drogas e/ou bebidas alcoólicas. Algumas parecem deprimidas ou até suicidas. Depois de algum tempo podem até se tornar sociopatas, pois ficam entorpecidas e passam a não se importar com mais nada. Para essas crianças, a ilusão da escuridão se sobrepõe à luz.

A maioria de nós tem filtros que nos impedem de ver e sentir tudo ao mesmo tempo, mas essas crianças não têm. Temos de admitir: até as crianças ditas "normais" só a duras penas conseguem lidar com as mudanças pelas quais passam seus corpos e mentes durante a adolescência. A causa disso é um conjunto completamente diferente de sentimentos e percepções, como as que as Crianças Transicionais têm, além de uma dimensão nova e mais problemática. Nem todas as Crianças Transicionais são inundadas com esses tipos de sentimento e experiência, mas as que são sofrem extremamente com os seus efeitos. Alguns médicos deram a isso o rótulo de comportamento psicótico, mas não é esse o caso.

Algumas Crianças Transicionais projetam uma fachada de onipotência, como se fossem maiores do que tudo e todos. Elas projetam essa persona quando se relacionam com as outras pessoas e acabam por desrespeitar as autoridades. Até as Crianças Transicionais que optam por um caminho mais positivo muitas vezes se sentem oprimidas e doentes – perdem peso, exibem sinais de depressão e apresentam sintomas físicos que os médicos não conseguem explicar. É como se sofressem pelo mundo inteiro. Elas se sentem oprimidas pelos seus talentos e perdidas em suas jornadas.

Assim como as Cristalinas, muitas das Crianças Transicionais demonstram extrema sensibilidade – elas sentem e percebem tudo. Os campos energéticos mistos dessas crianças contribuem para a amplificação da sensibilidade normal. Imagine que tudo o que você sente seja multiplicado à décima potência, o tempo todo, todos os dias da sua vida, seja isso bom ou ruim. Hiperperceptivas, hipersensíveis, "hiper" tudo – é assim que essas crianças se sentem. O sofrimento emocional é muito maior do que o das pessoas "normais". Muitas das Crianças Transicionais têm um grande senso artístico e usam a arte para expressar a profundidade e a extensão de seus sentimentos de maneiras dramáticas.

Uma jovem com quem trabalhei vários anos atrás expressou a sua frustração por nunca ter privacidade. Não importava onde estivesse ou o que estivesse fazendo, ela sempre via seres demoníacos, anjos e guias. Quando saía para dar um passeio, era como se ela tivesse um séquito multidimensional. Essa jovem me disse que, num certo sentido, sentia como se a espreitassem o tempo inteiro e isso a deixava assustada. Por causa de seus dons, ela nunca estava sozinha. As suas experiências fizeram com que essa jovem começasse a descobrir coisas que ela não contava a ninguém, nem mesmo à mãe, com quem tinha uma relação muito próxima. (A mãe dava grande apoio à filha e foi a pessoa que nos levou a trabalhar juntas.) A jovem não se sentia à vontade para contar a ninguém os episódios que vivia, pois eles eram tão bizarros que ela mesma estava sempre questionando a sua própria sanidade. Passara a viver insegura e assustada.

Essa jovem aos poucos foi ficando doente e ninguém conseguia descobrir por quê. Quando eu a encontrei pela primeira vez, ela já estava doente havia meses. Estava magra, com olheiras profundas e pouquíssima vitalidade. Nenhum dos exames clínicos que fez serviu para esclarecer a causa. Ela estava doente e cansada – literalmente! Tudo o que esse belo ser precisou para dar uma guinada em sua vida foi alguém para lhe dizer que o que ela vivia era real, claro e simples. Conversamos durante horas e, à medida que ela me contava as suas experiências, eu lhe dizia, "Se você está passando por essas experiências, precisa saber *também* que..." E ela me fitava com os olhos arregalados e perguntava como eu podia saber se ela nunca contara nada daquilo a ninguém. Ela estava encantada e aliviada por saber que outras pessoas tinham dons parecidos com os dela. Depois da nossa sessão, a minha amiga tornou-se uma jovem muito mais sociável, recuperou a saúde e começou a apreciar a vida sem precisar carregar o fardo de um medo oculto que por tanto tempo a oprimira. Até arranjou um namorado.

As Crianças Transicionais que ocultam os seus sentimentos e experiências vivem exaustas. E existem razões físicas para tanto. A sensibilidade exacerbada que elas têm consome sais minerais do organismo que são essenciais à vida. O magnésio se esgota primeiro, depois o cálcio. Outros sais minerais, como o alumínio, começam a se ligar a receptores celulares, embora não seja ali o seu lugar. Passado um tempo, o corpo fica intoxicado ou passa a funcionar mal. Quando se fica na presença dessas crianças pela primeira vez a sensação é a de que elas estão sendo drenadas, pois se sentem esgotadas. A pessoa sensível a energias pode de fato sentir que essas crianças vivem extenuadas. Reabastecê-las e reequilibrá-las é algo que requer uma paciência especial por parte do profissional de cura. As Crianças Transicionais também são mais suscetíveis a infecções e a outras doenças que aparecem e desaparecem misteriosamente, muitas vezes sem o diagnóstico definitivo da comunidade médica. Dou a isso o nome de "doença cósmica", pois ela provém de uma fonte que está além das fontes biológicas tridimensionais. As Crianças Transicionais, em particular, precisam saber que as suas experiências são legítimas. Precisam saber que existem outras pessoas como elas e que não são as únicas a passar por tudo o que vivenciam. Essa consciência, por si só, pode significar para a criança a diferença entre voltar a encarar a vida positivamente e literalmente não sobreviver.

Parece que essas crianças costumam tender para pontos extremos – ou elas se fortalecem ou *se dão conta* do poder que os seus talentos lhes franqueiam. Em outras palavras, ou elas aperfeiçoam esses talentos ou começam a achar que podem exercê-los sobre outras pessoas de maneiras malévolas. O caminho que a criança toma é escolha dela, mas ele será constituído de experiências. Na maioria das vezes, eu descubro que a escolha que fizeram está diretamente relacionada ao tipo de sistema de apoio que essas crianças têm. Existem aquelas que, contando com o apoio e o carinho dos pais, aceitam os seus dons e crescem com eles. Por outro lado, aquelas que escondem a sua sensibilidade e percepção com o tempo acabam perturbadas ou doentes. Elas se sentem desamparadas e sem ter a quem recorrer; algumas delas sucumbem ao poder adquirido de influências negativas. Muitas delas passam a agredir a si mesmas ou a ser violentas com os outros.

Brittany

A primeira Criança Transicional com quem trabalhei foi uma menina de 15 anos que me foi encaminhada por uma amiga psicóloga. Eu a chamarei de Brittany. Por questões de família, Brittany havia convertido os seus dons impressionantes em pura maldade e prática de bruxaria. Ela estava realmente lidando com magia negra. Era um ser poderoso cuja energia se espalhava pelo cômodo de um modo desconfortável, como se ela quisesse dominar todos à sua volta. A mãe de Brittany, obviamente intimidada pela filha, limitou-se a se sentar e a ficar em silêncio enquanto a filha vociferava numa linguagem indecorosa. A mãe não ousava contradizê-la nem esboçava nenhum gesto de oposição. Descobri mais tarde que a jovem muitas vezes fazia cenas, descarregando a raiva e a violência contra a família. Nessa época, todo mundo tinha medo dela.

Brittany de fato tinha formado o seu próprio coven de bruxos, que praticava magia negra – quase sempre durante a noite. Ela e o grupo eram sexualmente promíscuos e tinham comportamentos depravados. Eles não escolhiam nem hora nem lugar nem companhia para agir assim. Ela não parecia ver nada errado com o seu comportamento – na verdade, parecia se orgulhar de suas atitudes. Brittany e o bando de amigos perambulavam pelas ruas noite adentro, fazendo coisas que pareceriam terríveis aos olhos da maioria das pessoas comuns. Ela não se importava em ferir as pessoas, pois tinha decidido que a violência e o comportamento ameaçador só aumentavam o seu poder. Descobrira que ela e alguns de seus amigos tinham o poder de influenciar os pensamentos e ações de outras pessoas, e ela usava esse dom como uma arma para manipulá-las. Brittany percebeu que o seu dom de telepatia poderia ser usado em proveito próprio e o usava com desenvoltura sempre que tinha uma oportunidade. Quando aprendeu a usar o seu dom dessa maneira, passou a se convencer cada vez mais da sua ilusória grandiosidade. A família tinha pavor dela. Ninguém a impedia de sair ou de fazer o que quer que fosse. Os pais não cumpriam o seu papel. De modo geral, a família como unidade era extremamente problemática em muitos níveis. Alguns podiam argumentar que Brittany havia nascido nessa família para crescer e para que o crescimento e aprendizado ocorresse de ambos os lados.

Quando a mãe a trouxe para uma consulta, Brittany recuou com aversão diante de mim. O seu vocabulário era repleto de obscenidades e ela criava enormes bloqueios energéticos, como se fossem uma fortaleza em torno dela. Dava a impressão de ser pura maldade, enquanto vociferava impropérios nascidos de uma raiva profunda. Frustrada ao constatar que nem mãe nem filha se comunicariam comigo além da zombaria, decidi falar com Brittany nos seus próprios termos. Refleti de volta o que ela estava mostrando para mim, crueldade e aquela coisa toda. Surpresa diante da minha demonstração de amor firme, ela reagiu positivamente e acabou concordando em trabalhar comigo. O campo energético de Brittany era um conglomerado de muitos tipos de energia e quase nenhuma organização. Foram realizadas mudanças e a sessão terminou. Ao fim da sessão, ela de fato tinha reagido muito bem. A criança que chegara ali rugindo ferozmente como um leão me deu um abraço afetuoso e deixou o consultório com um sorriso sereno.

Infelizmente, com o tempo, Brittany acabou optando outra vez por caminhos escuros. Ela tentou o suicídio e foi hospitalizada. Começou a canalizar entidades muito negativas. Não há muito a fazer nesse tipo de situação, pois permitiram que ela continuasse esse jogo por um tempo longo demais. Eu posteriormente recebi um telefonema e soube que a irmã, apenas um ou dois anos mais nova, também estava em perigo, apresentando o mesmo tipo de comportamento. Outra criança extremamente talentosa sem uma rede de proteção para ampará-la em suas quedas. Brittany acabou se cansando da vida e de tudo o que ela lhe trouxera. Ficou muito doente e acabou falecendo. Que Deus abençoe o seu coração e a sua alma. Ela tinha muito a oferecer, mas parece que nunca encontrou seu lugar neste mundo que não a compreendia. Esse foi um caso claro em que a família, em face de uma criança poderosa, não teve estrutura para nutri-la ou apoiá-la de maneiras construtivas em seus talentos. Em vez disso, ela foi subjugada. Nem toda a ajuda profissional deste mundo mudará uma situação a não ser que *todos* os envolvidos concordem em participar.

Às vezes, nada do que a sociedade tem a oferecer satisfaz as necessidades desesperadoras de uma criança como Brittany. No final, algumas dessas crianças simplesmente desistem. É triste dizer que a nossa sociedade não parece aceitar aqueles com diferenças tão marcantes; em vez disso, rotulamos essas crianças de disfuncionais, até que essa disfunção passe a ser a identidade delas. Em minha opinião, a maior razão dessa falha é o medo do que é "anormal". Mas e se Brittany tivesse recebido apoio desde o começo? E se ela tivesse aprendido a se sentir bem consigo mesma? E se...? Agora nós nunca saberemos.

Heather

Outra Criança Transicional chegou até mim por intermédio da mãe, minha amiga e colega de trabalho, e se tornou uma pessoa completamente diferente. Quando Heather e a mãe chegaram para a consulta, percebi que a menina na verdade não queria ter vindo – em parte, acho que porque ela já me conhecia havia vários anos e estava meio constrangida. Eu abracei as duas quando chegaram e levei-as até um local reservado.

Heather, uma garota de 16 anos, havia se envolvido com drogas e passara a apresentar um comportamento promíscuo e violento. O fato de ter ferido outra pessoa com uma faca não parecia significar grande coisa para ela. Na verdade, ela riu ao me contar. Como era capaz de ver outras realidades e passara a apresentar padrões de comportamento negativo, Heather tinha decidido que estava possuída por algum tipo de demônio. Ela me contou que tinha muitos pensamentos que pareciam vir de outra pessoa. Muitas vezes sentia uma certa crueldade e concluiu que essa malevolência era instigada por entidades malignas. No entanto, achava que não podia ser responsabilizada por essa possessão. Basicamente, ela estava me dizendo que nada do que tinha feito era responsabilidade dela, mas sim das vozes que ouvia o tempo todo em sua cabeça. Não estava disposta a admitir que estava fazendo escolhas ruins em sua vida.

Eu me sentei em silêncio e ouvi o que essa jovem tinha para me dizer, enquanto observava o quanto ela tinha mudado. Não era mais a garota que eu conhecia, mas a personificação da mais absoluta maldade. Enquanto ouvia, percebi que Heather havia se convencido dessas coisas porque não tinha mais nenhuma resposta. Ninguém tinha respostas para o que ela estava vivenciando. Se isso não bastasse, o pai dela havia abandonado a família vários anos antes. Esse acontecimento pareceu ser a confirmação de que ela não devia ser amada nem querida. Armada dessas convicções, Heather estava provando a sua falta de valor com base nos seus dons especiais. Nesse caso, a sua hipersensibilidade (característica das Crianças Transicionais) tinha exacerbado os seus sentimentos e ela estava se comportando de maneira negativa com base neles.

Depois de ouvir Heather por algum tempo, comecei a envolvê-la. Enquanto fazia isso, eu muitas vezes variei as táticas para mantê-la ligeiramente atordoada. Ela estava tentando mostrar uma persona que não combinava com ela, e não estava me convencendo nem um pouco. Quando começou a falar mais sobre a idéia de estar possuída, eu a interrompi e refleti para ela exatamente a mesma negatividade que estava irradiando para mim. "Que bobagem!", eu disse. "Se você estivesse realmente possuída, não teria me abraçado quando entrou aqui! Você está só arranjando desculpas para justificar o seu comportamento e nem por um minuto conseguiu me convencer." Ela arregalou os olhos e então a maldade voltou a imperar. Ser o alvo dos seus olhares raivosos era uma experiência bem impressionante. Heather continuou a fazer tudo para me convencer de que havia uma entidade tentando obrigá-la a fazer coisas ruins. Em seguida, com uma energia completamente oposta de puro amor, eu disse a ela que sabia muito bem quem ela era e que a Heather que eu conhecia não aceitaria esse tipo de falta de poder. Depois de muitos avanços e retrocessos de ambas as partes, ela acabou finalmente concordando em fazer um trabalho energético comigo.

Quando começamos a sessão, notei que havia de fato entidades trevosas presas a ela, no plano etérico, mas que tinham sido atraídas na época em que Heather havia começado a usar drogas e a ostentar outros comportamentos que confirmavam a sua aversão por si mesma. As entidades não tinham provocado as suas más escolhas; eram, isto sim, o resultado delas. Como é típico das Crianças Transicionais, o campo energético de Heather estava totalmente caótico e distorcido, com trilhas cruzando a esmo o seu sistema energético. As energias dela também eram muito diferentes – nem Índigo, nem Cristalina, nada em particular e tudo ao mesmo tempo.

Durante a sessão, conversei com ela sobre o amor e a aceitação incondicional. Disse que ela não era nenhuma daquelas coisas negativas que acreditava ser; que eu a via muito bela. E era verdade. Eu via e sentia a dor de Heather, e a refletia para ela com compaixão e amor. Falei-lhe a respeito dos seus dons e, delicadamente, a fiz ver que eu sabia o que era ser diferente. Também conversei com Heather sobre o amor e o que a força do amor pode fazer para eliminar a raiva e o sentimento de auto-aversão. Disse a ela que não estava disposta a aceitar dela nenhuma afirmação de que fosse qualquer coisa que não a mais pura perfeição. Disse que eu sabia que ela era uma pessoa linda. Falamos muito sobre as experiências extrafísicas dela e expliquei cada uma delas, dando-lhe esclarecimentos sobre o que estava acontecendo. Para ela foi um grande alívio. Heather estava começando a ver que ter algum tipo de percepção não significava necessariamente que tudo que percebesse era dela. Um dos maiores problemas que desafiam essas crianças é pensar que elas são responsáveis pelos seus *insights*, experiências, visões, precognições, etc. Elas se tornam vítimas dos próprios dons – pelo menos no seu modo de pensar. Elas não são responsáveis pelas informações que captam. Normalmente, depois que conhecem alguém em quem podem confiar e que consegue entender a realidade de suas experiências, essas crianças mudam totalmente, pois seus medos e preocupações são amenizados.

Durante alguns dos mais intensos trabalhos que fizemos juntas, Heather parecia divagar para longe enquanto digeria as nossas conversas. Ela ouvia, mas a sua capacidade de aceitar a verdade era prejudicada pela sua negatividade. Ao final, no entanto, ela aceitou mudar. O seu campo energético estava equilibrado e os bloqueios dentro dele tinham sido eliminados. Dali em diante ela causou uma reviravolta em sua vida – mantinha-se sóbria e lúcida, e tinha aprendido a se ver de uma perspectiva mais positiva. A vida dela começou a refletir essas mudanças positivas. Como estava vivendo de outra maneira, mudanças para melhor começaram a ocorrer. Passou a ser querida por todos que a conheciam, estava usando a sua grande inteligência para fazer planos para o futuro e optou por freqüentar bons ambientes onde trabalhar e se divertir. Heather tornou-se babá de várias famílias e se deliciou ao constatar que as crianças de que cuidava a adoravam, assim como a família delas. Heather também continuou a receber o apoio da própria família. Ela está com 21 anos agora e determinada a viver uma vida agradável, sem todos aqueles comportamentos negativos. Ela está seguindo muito bem os seus planos, e, pessoalmente, estou muito orgulhosa dela!

As Crianças Transicionais costumam sentir tanta raiva que não conseguem pensar racionalmente. O método que, conforme descobri, funciona melhor com elas requer uma ligeira "mudança" no tom de voz e na postura. Às vezes, o único jeito de chamar a atenção delas é refletir de volta o que elas mesmas irradiam – em outras palavras, tratá-las em seus próprios termos e servir de espelho para elas. O truque é não ser como elas, apenas espelhar o comportamento que adotam. É possível fazer isso com firmeza, sem resvalar para o lado feio desse comportamento. Depois de ganhar a atenção delas (geralmente devido ao susto que tomam ao ver uma profissional agindo assim!), pode-se comunicar a verdade com amor. A percepção intensificada dessas crianças reconhece a verdade e responde a ela.

As crianças aprendem com os adultos e seus contemporâneos, assim como com a mídia, sobre a decepção e comportamentos autodestrutivos, e quase sempre usam o que aprendem para legitimar o sentimento de que seus dons fizeram delas pessoas esquisitas ou de pouco valor. Essas crianças têm de ser aprovadas e motivadas, e seus dons precisam ser orientados para que apresentem um avanço positivo. Mais do que qualquer outra coisa, as suas habilidades de comunicação precisam ser respeitadas e bem utilizadas. Se a criança começa a se fechar para os outros, é muitas vezes porque está com dificuldade para lidar com as coisas e se sente mais segura reprimindo os sentimentos do que correndo o risco de se expor e ficar vulnerável. Isso também pode significar que ela não está sendo ouvida. A criança que não se sente ouvida começa a acreditar que de fato não vale a pena ouvi-la. Essas crianças precisam ser ouvidas e respeitadas mesmo quando não conseguirmos entender as experiências delas. O fato de não as entendermos não significa que elas não sejam reais! Não há nada a temer; a percepção intensificada não é uma doença contagiosa.

Uma estrutura moderada também beneficia as Crianças Transicionais – não um conjunto restritivo de ordens, mas um conjunto levemente organizado de atividades e objetivos dos quais possam participar. Quando a criança sabe o que a espera, sente-se mais confortável. A maioria das Crianças Transicionais que passam por dificuldades vive em lares desfeitos, problemáticos, onde falta diálogo e bons hábitos diários, ou nos quais os membros da família são ocupados demais para prestar atenção uns nos outros. Quando a casa tem certa estrutura, isso assegura à criança de que alguém ali se importa com ela. Isso também lhe dá meios de calcular a sua segurança num ambiente previsível e de se autovalidar quando consegue realizar algo dentro das diretrizes que recebe.

As Crianças Transicionais não são apenas adolescentes rebeldes. Lá no fundo elas estão assustadas – com o que vêem, com o que ouvem e com o que sabem, coisas que ninguém parece entender. Ouça-as. Não as julgue porque elas parecem ter idéias e opiniões estranhas. Estimule-as a travar um diálogo aberto e sincero. Temos muito o que aprender com elas!

Anjos *na* Terra

Capítulo 11

Ao longo da História, ouvimos e lemos a respeito de anjos que vieram à Terra para nos dar assistência. Esse fenômeno surpreendentemente comum foi ilustrado de modo vívido e eloqüente quando evitei por pouco um acidente de carro algum tempo atrás. Eu estava dirigindo em alta velocidade quando de repente percebi que havia uma enorme tora de madeira bem na minha frente. Tratava-se de uma espécie de viga ou coisa parecida. Antes que eu percebesse o que estava acontecendo, passei sobre a viga e dois pneus do lado do motorista estouraram. Daí em diante, tudo pareceu acontecer em câmera lenta. A cada centésimo de segundo, eu me dava conta de cada intrincada parte da progressão dos acontecimentos.

"Meus anjos!", roguei, "Me ajudem!" A lateral do carro, do lado do motorista, saiu do chão e eu me vi avançando em alta velocidade sobre duas rodas. Eu ainda estava na pista rápida e precisava ir para o acostamento sem bater o carro, atropelar alguém ou perder a direção. O equilíbrio do veículo era extremamente precário. Mais rápido do que pude compreender, comecei a receber instruções que chegavam calmamente até mim. "Calma", dizia a voz. "Não entre em pânico. Gire a direção bem devagar para este lado; não exagere senão o carro pode virar." Isso dava para perceber! "Agora use o impulso do carro para controlá-lo. Vá calmamente para a outra pista – agora! Isso mesmo. Agora pise levemente nos freios para que o carro pare em linha reta – bom, muito bom. Agora saia da estrada e comece a frear até parar."

Apesar do aperto, eu me senti calma e muito bem orientada enquanto recebia as instruções. Quando saí do carro e vi o estrago causado, comecei a tremer dos pés à cabeça. A adrenalina que pulsava em minhas veias chegou ao seu ponto máximo. Automaticamente, abri o porta-malas para pegar o estepe e o macaco só para perceber, um ou dois segundos depois, que eu só tinha *um* estepe. De qualquer maneira, o choque do acidente tinha me deixado passada demais para manejar o macaco.

"Eu preciso de um anjo, meu Deus", disse, apoiada no carro para me manter de pé. Quando acabei de rezar, vi uma van aparecendo na curva da estrada e vindo na minha direção. O veículo encostou e um senhor abriu a porta. Mesmo em meu desespero, não pude deixar de notar um brilho radiante em torno do meu salvador. Ele não era de falar muito, mas o pouco que disse serviu para me acalmar. Só abriu a boca para comunicar o necessário e nada mais. Ajudou-me com tudo e, antes de partir, perguntei o nome dele. Ele me deu um, e acrescentou que morava numa comunidade da qual eu já ouvira falar. Mais tarde, quando tentei encontrá-lo para agradecer a ajuda, descobri que ele não existia. O endereço não existia. Ninguém nunca tinha ouvido falar no meu gentil herói. Ele não era da Terra – as minhas orações tinham sido atendidas e o anjo viera em meu auxílio.

Existem incontáveis histórias como essa, em que anjos vêm nos salvar e depois desaparecem no ar e nunca mais são vistos outra vez. Esse tipo de interação angélica é típico dos anjos da guarda.

Contudo, os anjos que descreverei neste livro são muito diferentes. Eles nasceram na forma humana, mas tem asas e tudo. As asas são invisíveis a todos, mas existem aqueles que podem vê-las. Essas crianças têm uma qualidade etérica que é impossível descrever. As poucas que eu conheço estão passando por momentos difíceis. Elas demonstram uma tristeza cósmica pela humanidade. Não sentem como se realmente pertencessem a este mundo e a esta época; sabem de Deus, do Espírito e da Luz e vivem toda a profundidade de sentimento que esse conhecimento lhes traz.

Michael

Em torno de sete ou oito anos atrás, recebi o telefonema de uma grande amiga pedindo-me para conversar com um jovem que ela conhecia, de uns vinte e poucos anos. Ela sentia que ele podia estar em dificuldade e afirmou que eu entenderia tudo quando conversasse com ele. Na época eu ainda estava em meio ao meu próprio processo de despertar e fiquei muito entusiasmada com a possibilidade de ouvir a história desse jovem. Eu o chamarei de Michael.

Ele se adiantou e me telefonou antes que eu tivesse a oportunidade de tomar a iniciativa. Michael ficou um pouco tímido no começo. Ele estava do outro lado do país e sozinho. Eu podia sentir a sua tristeza irradiando pelo fio do telefone. À medida que conversávamos, Michael começou a se abrir cada vez mais e me contou a sua história. Enquanto falava, a vontade que eu tinha era a de entrar pelo fio do telefone e abraçá-lo.

> Eu tenho asas. Sinto como se tivesse de sair pelo mundo espalhando mensagens de amor. Eu literalmente perambulei pelo mundo no último ano. Fui para a Europa e andei descalço o tem-

po inteiro. Não suporto usar sapatos, porque é como se os meus pés estivessem numa caixa. Eu preciso sentir os pés no chão, porque isso me ajuda a sentir melhor a realidade terrena. Eu geralmente sinto como se não estivesse aqui de verdade. Eu de fato preciso de ajuda. Tive algumas experiências maravilhosas nas minhas viagens, especialmente quando vi o Padre Pio. (Padre Pio foi um padre devoto conhecido pelas curas miraculosas. Ele tinha em seu corpo os estigmas, as marcas da crucificação de Cristo.) Quando eu estava lá, pude sentir a luz, o amor, seus milagres – e foi muito bom. Eu consegui pegar uma de suas luvas. A energia contida na luva é um tesouro e uma ótima lembrança para mim de que uma pessoa pode afetar muitas outras. Eu não sei o que fazer ou aonde ir agora. Sei que tenho de compartilhar o que sei. Sei que vou tocar as pessoas – vou curar o corpo, o coração e a alma delas – mas no momento estou perdido e sozinho. Você poderia me dar alguma informação que pudesse me ajudar?

Eu fechei os olhos e vislumbrei esse ser energeticamente. Ele de fato tinha asas! Eram brancas com um fulgor dourado que ondulava em volta das bordas. Todo o campo energético do rapaz tinha tamanha perfeição que contemplá-lo, mesmo que etericamente, não era fácil, porque o brilho era intenso demais. Deus, outra mudança na realidade! Eu já tinha vivido algumas experiências com anjos e asas, mas nunca pensei que falaria com um deles pelo telefone. Conversamos durante várias horas e, nesse meio tempo, a tristeza que ele sentia permeou as suas palavras. Ele estava tão distante desta realidade terrena que até travar uma conversa lógica lhe parecia difícil. O espírito do jovem era puro demais. Para Michael, o mal que a humanidade infligia a si mesma era tão grande que ele se sentia pequeno e impotente para fazer mudanças positivas aqui na Terra.

Com um olhar humano, eu o ajudei a compreender melhor a compaixão, o amor e as escolhas. Falei com ele sobre segurança pessoal, e que a vulnerabilidade que sentia era tanto um tesouro quanto um obstáculo. Ele era tão inocente, tão puro, que não conseguia entender por que as pessoas não conseguiam compreender Deus, a luz e o amor. Durante um tempo falei com ele apenas sobre assuntos mundanos, como a necessidade que o corpo tem de comer e dormir. Ele sentia dificuldade para cuidar do corpo físico, porque considerava a sua missão o seu foco principal. Muitas vezes esquecia-se de comer e dormia muito pouco. Ele estava exausto e tinha perdido muito peso.

Michael era feito de amor e essa era a mensagem que ele queria transmitir a todos. "Você é amor", eu lhe disse. "Sim, eu sou", ele respondia. "Essa é também a minha mensagem."

"Michael", adverti, "você precisa se lembrar de como usar as suas asas. Isso é vital para a sua jornada. Existem coisas que pode fazer com elas que podem tocar as pessoas profundamente. Você pode confortá-las, curá-las com elas".

"Eu ando muito cansado, mas vou continuar tentando", ele assegurou.

"Sim, você vai, mas se não reservar um tempo para se revigorar, para se restabelecer, não vai conseguir."

"Eu sei. Só não sei o que fazer com este corpo. Ele me é estranho em todos os sentidos."

Então dei a Michael algumas sugestões de como encontrar equilíbrio nessa situação e como se ancorar para que pudesse viver de modo mais seguro e eficiente. Ali estava ele, um anjo de perfeição, preso a um corpo imperfeito num mundo imperfeito, e sendo devastado pela profundidade das suas emoções.

No final da nossa conversa, perguntei a ele o que pretendia fazer em seguida. Ele achava que iria andar pelo mundo e mencionou alguma coisa sobre ir ao Tibete, entre outros lugares. Eu o incentivei a me ligar regularmente, mas nunca mais soube dele. Ainda me pergunto o que pode ter acontecido. Espero que ele tenha conseguido.

Kara

Visitei o Canadá alguns anos atrás, para dar um curso. Quando estava lá, uma das minhas ouvintes falou-me sobre a sua filha de 16 anos, que eu chamarei de Kara. A garota estava doente havia vários meses, por isso a mãe me perguntou se eu teria tempo para uma sessão de cura com a filha.

O dia da nossa sessão chegou. Ela estava marcada para o final da tarde, portanto, não haveria limite de tempo e nem interrupções. Quando entrei na sala de espera, os meus olhos se fixaram imediatamente em Kara. Ela exalava tristeza: era magra, tinha grandes círculos roxos sob os olhos – e era linda. A tristeza que eu senti se mesclou com uma outra energia muito diferente que eu nunca havia sentido antes, embora o peso da tristeza dela me oprimindo fazia-me sentir como se ela estivesse se afogando nesse sentimento. A força vital da menina era fraquíssima. A mãe estava apavorada, por isso nos deu toda liberdade para conversarmos. A princípio, Kara não se abriu muito, pois não me conhecia. Rapidamente estabelecemos uma "área de segurança" na qual conversar e aos poucos fomos ficando mais à vontade.

Kara me contou que tinha asas e que sempre tivera consciência delas. Ela se sentia frustrada com o fato de ninguém mais vê-las e poder assegurar-lhe de que realmente existiam. Ela estava vivendo em múltiplas realidades ao mesmo tempo e não havia ninguém em quem o seu lado humano pudesse buscar apoio ou companheirismo. Portanto, o lado humano de Kara havia caído numa depressão profunda. Ela não se sentia entrosada. Ninguém podia entendê-la.

"Eu tenho asas", disse ela.

"Sim", respondi. "Eu posso vê-las."

"Elas são tão reais para mim que fiz uma tatuagem de asas nas costas para poder vê-las no espelho. As minhas asas são muito azuis." *Que criativo*, pensei.

Na verdade, as verdadeiras asas de Kara tinham uma textura de poeira azul-acinzentada e pareciam iluminadas por dentro, o que produzia um brilho azulado sutil e transparente em volta das bordas. Elas pareciam muito frágeis, mas eu sabia que não eram.

"Estou com medo", ela arriscou dizer.

Respondi ao comentário com um silêncio atencioso e um olhar direto que lhe dizia que eu estava aberta a qualquer coisa que dissesse e que nada que pudesse dizer pareceria estranho demais. Eu confortei Kara contando-lhe um pouco dos estranhos dons que eu mesma tinha e ela continuou conversando comigo.

> Estou com medo porque vejo coisas – e pior, sinto tudo também! Não sei como encontrar equilíbrio com tudo isso acontecendo. Em todo lugar que vou vejo outros como eu que não percebem quem são. Vejo anjos, guias e espíritos de pessoas mortas. Entidades sombrias me seguem aonde quer que eu vá, observando-me o tempo todo. Não são sempre as mesmas, mas eu sinto como se estivessem atrás de mim. Vejo outras realidades que se misturam com esta. É difícil saber o que é "real" e o que não é. E o que é pior, eu não me lembro como faço para me proteger. Não tenho energia nenhuma. Quando tento me mexer, o meu corpo dá a impressão de ser tão pesado que parece quase impossível, mas eu não paro de tentar. Acontece apenas que andei doente nestes últimos meses e sinto como se estivesse no meu limite.

E ela de fato estava.

Respire fundo, eu disse a mim mesma. *Temos muito que fazer aqui.* Lentamente e com muito cuidado, fiz uma retrospectiva de algumas coisas que ela havia dito. Falamos sobre realidades multidimensionais, diferentes tipos de energia e que todos esses seres que ela via tinham um propósito na realidade como um todo.

Enquanto conversávamos, comecei a comparar os dons e experiências dela com alguns que eu costumava ter e que pareciam igualmente estranhos. Eu mencionei uma das experiências dela e acrescentei, "Se você sabe isso, também deve ter visto aquilo. Se isso aconteceu a você, certamente também passou por aquilo". Os olhos da menina se arregalaram de espanto. Alguém mais relatava coisas iguais às que ela vivia e isso era empolgante para ela. Conversamos durante mais de três horas, contando uma para a outra as nossas experiências etéricas. No final, Kara e eu entramos numa das salas de cura e trabalhamos juntas. O campo energético dela tinha uma suavidade aveludada, mas estava caótico e cheio de estática por causa das suas tentativas vãs de processar as suas experiências extrafísicas. À medida que trabalhávamos, Kara foi ficando cada vez mais forte. Eu a fiz recordar como podia se proteger e expliquei que muitos dos seres que ela via estavam meramente curiosos. Afinal de contas, um anjo na terceira dimensão é algo um tanto diferente!

No final, pude ver e sentir o seu campo energético entrando em equilíbrio. Como a existência tridimensional era muito traumática para ela, o campo energético de Kara era extremamente fragmentado; os seus canais de energia eram misturados e confusos e seguiam cursos caóticos em vez das rotas normais. Apesar de tudo isso, o mais importante é que ela realmente queria ficar bem. Acima de tudo, precisava saber que não estava sozinha e que as suas experiências eram reais e não havia nada de errado com elas.

Aos poucos, mas de modo constante, os campos energéticos de Kara foram respondendo ao tratamento que estávamos fazendo juntas. Comecei a perceber uma normalização progressiva em todos os níveis do seu sistema energético. O vazamento energético foi interrompido e o corpo dela começou a ficar mais forte. Eu sabia que era só uma questão de tempo até que a vida dessa jovem começasse a se normalizar e ela se sentisse forte e saudável outra vez. Lembro-me de ter pensado em quanto era gratificante poder contribuir com a cura dessa menina. Eu me senti humilde ao saber que tinha literalmente um anjo nas mãos. Antes de ela partir, reuni coragem para pedir que me mostrasse as suas asas tatuadas; Kara assentiu. Cobrindo as costas inteiras, havia o mais lindo e artístico desenho de asas que eu jamais vira – e elas eram da cor certa! Segura do fato de que não estava louca, Kara foi embora aquela noite com uma vida nova pela frente – apenas pelo fato de alguém ter parado para ouvir e confirmar as suas experiências. Naquela mesma noite ela disse à mãe que havia conversado sobre coisas que nunca dissera a ninguém e que eu simplesmente *sabia*. Ela estava muito animada.

Ao longo dos meses seguintes, Kara se curou e ficou mais forte. Ouvi de sua mãe que ela andava muito feliz e que tinha até arranjado um namorado!

Como essas histórias mostram, existem ocasiões em que anjos entram na nossa realidade por um propósito maior, mas se perdem no caminho. Existem crianças no nosso mundo de hoje que precisam desesperadamente do mesmo tipo de confirmação de que Kara precisava. Além dos jovens anjos que descrevi neste capítulo, existem também anjos "adultos" na Terra. Muitos deles vivem anonimamente entre nós, sem nunca revelar as suas intenções. Outros assumem o papel de professores, mentores, agentes de cura ou uma miríade de outras manifestações humanas de sutil perfeição.

Quando o divino encontra a imperfeição inerente à forma humana (como acontece com esses anjos na Terra), até mesmo "existir" se torna problemático. Essas histórias podem se parecer muito com casos de psicose, mas eu posso garantir ao leitor que essas crianças são absolutamente sãs; elas só precisam de apoio e alguém que possa confirmar a legitimidade de suas experiências.

Como Podemos ajudar?

Capítulo 12

Soluções sociais

O conceito de pessoas com dons especiais não é um fenômeno novo neste mundo. A diferença está no predomínio desses dons, pois um número crescente de adultos está despertando para realidades maiores, e cada vez mais crianças estão nascendo com dons que superam o que a cultura e a sociedade julgam normais. Somos seres grandiosos. Viemos todos da mesma fonte, da mesma perfeição, mas nos esquecemos disso. Se quisermos honrar essas crianças pelo que são, precisamos nutri-las quando necessário para que as próximas gerações de crianças superdotadas tenham força, coragem, sabedoria e poder pessoal para trabalhar pelo bem da humanidade. Temos de reconhecê-las agora.

Se quisermos produzir mudanças positivas e extraordinárias neste mundo, o primeiro passo será admitir a verdade dessas crianças. Não podemos deixar que o nosso ego ou a nossa ignorância sejam obstáculos. As Crianças de Hoje são os professores de uma realidade maior. Será que podemos aceitar isso? Temos de aceitar! Em segundo lugar, temos de difundir essa informação de modo que ela abarque pessoas comuns do mundo inteiro, pois esse fenômeno não se limita a uma região geográfica. Já existem alguns livros e filmes que tratam das Crianças de Hoje, mas eles oferecem apenas uma visão superficial do tema. Essas crianças não são anomalias a serem exibidas ou tratadas com sensacionalismo. Elas são pessoas de verdade com sentimentos de verdade, que por acaso têm uma percepção intensificada e idéias impressionantes sobre o mundo e o que existe além dele.

Em vez de encarar as nossas crianças superdotadas como criaturas diferentes ou imperfeitas, ou abandoná-las à própria sorte só porque não se encaixam em nossas idéias, temos de aceitá-las, cuidar delas e estimulá-las a compartilhar conosco os seus dons. Só porque têm capacidades diferentes isso não significa que exista algo errado com elas. Muito pelo contrário. Não raro encontrei crianças que foram tão arrastadas para o médico ou deste para o psiquiatra e uma variedade de outros profissionais, enquanto os pais tentam compreendê-las ou "consertá-las". Os médicos não conseguem encontrar nada de errado com essas crianças, mas os problemas de comportamento persistem nas notas escolares, nos relacionamentos e na vida em geral. *Não há nada de errado com essas crianças*. Elas simplesmente sabem mais e lembram mais, mas ninguém pára para ouvi-las. Uma criança com consciência de múltiplas dimensões e que pense de modo compartimentado e holográfico não consegue se sentar quieta numa cadeira por muito tempo. É impossível! Então deixe-me sugerir algumas maneiras de cercar essas crianças maravilhosas de amor e compreensão, de modo que elas possam ser tudo o que de fato são.

Em primeiro lugar, precisamos AGIR. Isso significa aceitar que é preciso:

Consciência
Diálogo
Verdade

Temos de aumentar a consciência social, em casa e nas escolas, de que, sim, algumas crianças são diferentes e não há nada de mal nisso. Pense na mãe de John Everett, que deu um livro sobre Crianças Índigo para cada professor do filho e para o diretor da escola. Ela queria se certificar de que todos o entenderiam. Também não podemos ter medo de conversar sobre coisas que não compreendemos. Existe muita coisa neste mundo que não entendemos, mas isso não é um problema em si mesmo. O problema é continuar de braços cruzados, esperando que outra pessoa faça alguma coisa. Nesse meio tempo, estão sendo desprezadas incontáveis crianças que poderiam nos trazer as mesmas respostas que estamos procurando. Converse a respeito! Acima de tudo, precisamos falar a verdade aos nossos filhos, famílias, amigos e a todos os outros que fazem parte da vida dos nossos filhos. Independentemente do nosso sistema de crenças, o ideal é que, se um filho nos diz que há um anjo presente, possamos dizer a ele que temos certeza de que há. Se o nosso filho falar com certa profundidade ou parecer ter uma visão diferente da nossa, aceitemos. Se ele nos contar que percebe a presença de outras pessoas que não vemos, chamando-as até mesmo pelo nome, existe uma grande possibilidade de que esteja certo. Se os nossos filhos ficam calados e doentes, sem que possamos atinar a razão, talvez estejamos seguindo na direção errada. Talvez não estejamos dando a eles o que precisam ou eles estejam estressados com coisas que estejam acontecendo no ambiente escolar ou doméstico. Se os nossos filhos nos dizem que se lembram de uma época anterior ao nascimento, não vamos contradizê-los; peçamos mais detalhes e deixemos que expressem os seus sentimentos e lembranças malresolvidas. As crianças não sabem inventar histórias como essas, particularmente quando são cheias de detalhes. Estaremos lhes ensinando a não ser sinceros caso digamos que as suas percepções, experiências e lembranças não são reais. Se nos perguntarem coisas que nem nós adultos entendemos, sejamos sinceros, respondendo a essas perguntas com bom senso e honestidade, da melhor maneira que sabemos. Que possamos nutrir o coração deles, suas almas, mentes e corpos. Que possamos mostrar-lhes que o amor que sentem e expressam não é inútil.

Não podemos deixar que a nossa incompreensão prejudique os dons verdadeiros que têm. Temos de respeitar essas crianças. Lembra-se de Sky? Que desistiu de contar às pessoas o que sabia porque riam dela? Foi o público em geral que fez de uma criança sincera e angelical um espetáculo de circo. Que vergonha! Que grande perda! Temos de admitir que há alguma coisa realmente importante acontecendo neste mundo – nomeadamente, as nossas crianças, as mudanças que elas trazem e as possibilidades que espontaneamente oferecem a nós.

A cura das gerações

Embora os seus dons especiais estejam além da nossa compreensão, as Crianças de Hoje não são espetáculos. Elas não são atrações de circo. São seres humanos extremamente evoluídos com mensagens sagradas – lembrar quem somos e para onde vamos. Colocá-las num pedestal serve apenas para acostumar o ego delas a ansiar por atenção. Não podemos agir levianamente com essas crianças. Se elas aprenderem a chamar atenção usando os seus talentos, o meio se tornará mais importante que a mensagem, e a verdade se diluirá. Já encontrei muitas famílias de crianças com dons especiais em que a dinâmica se degenerou a tal ponto que elas acabaram assumindo o controle da casa. Nessas situações, elas muitas vezes se tornam autoritárias e até fazem comentários depreciativos acerca dos pais e outras pessoas. Tornam-se mandonas e incontroláveis. Como essas crianças parecem saber muito e dão a impressão de serem muito mais sábias do que outras crianças da mesma idade, os pais e outros adultos muitas vezes as colocam num pedestal. Deixam que a criança faça o que bem entende, sem lhe impor limites ou nenhum tipo de estrutura. Assim, a criança que um dia foi uma dádiva para o mundo passa de repente a ficar egocêntrica e sedenta de atenção. Deixar que essas crianças "dirijam o espetáculo" fará delas adultos rudes e egocêntricos. Nada do que elas estavam destinadas a ser!

Lembra-se do que Nicholas escreveu no prefácio? *Embora as minhas aventuras cósmicas tenham me levado a todos os lugares, desde caminhar ao lado de Jesus até a Atlântida, aqui estou eu "onisciente" e inocente ao mesmo tempo.*

*Vejam, nós, as Crianças Cristalinas e das Estrelas, podemos parecer absolutamente capazes, no entanto precisamos da capacidade do mundo de ouvir profundamente para que possamos cumprir o nosso propósito e provocar mudanças.*Que sábias palavras essas, de uma das nossas crianças com dons tão brilhantes! Para elas, esses dons são a sua realidade, a sua norma. É só a sociedade que as estigmatiza e rotula-as de diferentes. Nicholas reconhece que as crianças podem ser oniscientes, mas nem por isso deixam de ser crianças que precisam de orientação e estrutura para realizar o que vieram fazer aqui. Temos de lhes dar algum tipo de estrutura ou limites para que saibam o que podem esperar deste mundo e aprendam a viver nele. Temos também de estimular os seus dons de maneiras construtivas. Por exemplo, em vez de ficar exibindo a criança, contando a todo mundo sobre as experiências fantásticas que ela tem ou algo de profundo que tenha dito, por que não perguntar gentilmente a ela se teria mais alguma opinião sobre o assunto? Deixe que ela mesma verbalize as suas experiências sem drama ou sensacionalismo. Eu também sugiro com veemência que se faça um diário, pois muitas das idéias que a criança expressa são muito profundas e com o tempo podem ser esquecidas. Faça perguntas mais abertas sobre as experiências dela, em vez daquelas cuja resposta seja "sim" ou "não" – mas, o mais importante é que você a *ouça* quando responder. Estamos muitas vezes tão ocupados que só ouvimos apressadamente os nossos filhos enquanto passamos de uma tarefa a outra. Faça ao seu filho perguntas sinceras e responda às perguntas dele com a mesma atitude de respeito e total consideração.

O drama é destrutivo, pois ajuda a manter certo nível de caos na casa. Eu chamo a isso de "drama e trauma", pois você não pode ter um sem ter o outro. Quando o drama é excessivo, ninguém ouve ninguém e todo mundo fica na defensiva; nada é compreendido ou concluído, só exacerbado. O caos impera. Em vez disso, por que não olhar as situações com os nossos filhos de um ponto de vista maduro? Por que não romper os nossos antigos padrões familiares e corrigir disfunções que possamos ter herdado de gerações anteriores? Por que não oferecer à nova geração cheia de talentos um conjunto de instrumentos mais saudável que ela possa usar no mundo para produzir mudanças?

Se quisermos dar aos nossos filhos todas as oportunidades possíveis para que possam ser plenamente quem são, nós, como pais, responsáveis, professores e amigos temos primeiro de começar a curar o nosso próprio corpo, mente e espírito, e isso requer honestidade e integridade. Se não formos honestos conosco mesmos, como podemos ser honestos com os outros, especialmente com os nossos filhos? A autocura também exige que olhemos profundamente dentro de nós para descobrir por que estamos recriando constantemente os mesmos tipos de situação e por que mantemos os mesmos padrões que tumultuam a nossa vida. O que é que estamos tentando aprender? Por que deixamos que o medo tome conta de nós? Por exemplo, às vezes nos vemos numa situação em que vivemos nos doando até que alguém apareça e tire proveito da nossa generosidade – a ponto de nossos desejos serem menosprezados e nossos sentimentos, feridos. Se dermos sem ter aprendido a receber, isso geralmente indica que temos medo de rejeição ou de não sermos amados ou queridos. Os nossos gestos de abnegação garantem que seremos valorizados, mas o que realmente fazemos é encobrir o medo de não sermos bons o suficiente.

Reconhecer esses padrões de comportamento é o primeiro passo em direção à cura. Depois que reconhecermos que estamos presos a esses padrões, e depois de percebermos que vivê-los ou não é escolha nossa, podemos fazer uma escolha diferente! Não acredito que tenhamos de reviver cada momento de nossas experiências dolorosas do passado para nos curar. Em vez disso, se conseguirmos chegar ao fundo do que nos motiva nessas circunstâncias, podemos nos curar quase instantaneamente – se estivermos dispostos. À medida que nos tornamos pessoas mais fortes e saudáveis, essa força, essa saúde será o que transmitiremos aos nossos filhos. Talvez o mais importante seja reconhecer a nossa perfeição. Precisamos nos lembrar de que tudo o que precisamos já está dentro de nós. Somos seres poderosos! E isso é precisamente o que temos de mostrar aos nossos filhos!

Diálogo

O diálogo é vital, mas precisa ser equilibrado. Embora as crianças estejam cada vez mais sábias, ainda não são adultos neste mundo. Como têm palavras e atitudes profundas, é muito fácil esquecer que elas ainda são crianças. No entanto, seguindo essa mesma linha de raciocínio, não podemos falar com as Crianças de Hoje como se elas fossem bebês. Na verdade, na opinião desta humilde escritora, falar com bebês como se eles fossem criaturas desprovidas de inteligência não os ajuda a crescer; pelo contrário, na verdade retarda o progresso deles.

Por outro lado, existem pais que cometem o erro de pressionar os filhos a ter um desempenho melhor por conta do seu brilhantismo. Infelizmente, esses pais estão agindo com base em paradigmas ultrapassados, que não servem mais neste mundo. Esses paradigmas têm inspirado sentimentos de carência e vazio em muitas pessoas. Não podemos agir de modo leviano diante dos nossos filhos; é hora de passarmos a agir neste mundo com mais força e plenitude. Temos de deixar que o brilho dessas crianças as ajude em suas jornadas. Elas de fato sabem o que estão fazendo. Temos de valorizar as suas realizações, não importa se grandes ou pequenas, e respeitar os seus sentimentos e impressões, sabendo que elas sentem tudo intensamente.

As Crianças de Hoje requerem uma conversa aberta e sincera, em que falemos não só com palavras, mas com ações e energias. As crianças levam tudo isso em consideração quando interpretam as nossas mensagens. Elas sempre sabem onde está a verdade, mesmo quando nós mesmos não sabemos. Será que as nossas palavras estão de acordo com as nossas ações ou dizemos uma coisa e fazemos outra? O que a nossa linguagem corporal transmite aos nossos filhos? Nós os olhamos nos olhos e falamos de coração, com toda honestidade? Ou gritamos respostas ou ordens enquanto passamos correndo pelo cômodo? Nós nos comunicamos integralmente ou dizemos apenas o que temos de dizer porque estamos ocupados demais cuidando da nossa própria vida? Realmente ouvimos os nossos filhos ou só os protegemos enquanto continuamos a tratar dos nossos assuntos particulares? Notamos a expressão em seus olhos e as nuanças em suas palavras e posturas? O que eles estão realmente nos dizendo?

Temos de ouvir as Crianças de Hoje, pois as mensagens delas são fundamentais para a humanidade. Como Nicholas destacou, quando as crianças são beneficiadas com a chance de ser realmente ouvidas, elas conseguem relaxar completamente. Esse relaxamento não é apenas do corpo – é uma calma que vem do espírito. Quando nós as ouvimos profundamente, é importante dizer à criança a verdade, não importa qual seja, além de estimular os seus dons, pedir a opinião dela e permitir um diálogo mais amplo. Temos de estar plenamente presentes com essas sábias almas, diminuindo o ritmo por tempo suficiente para senti-las por inteiro.

As Crianças de Hoje precisam ser nutridas. Existe uma grande diferença entre nutrir e mimar uma criança. Nutrir uma criança significa abraçá-la, amá-la e travar diálogos com ela, abrindo o coração ao que ela tem a nos dizer. Significa fazer muito mais do que simplesmente atender às suas necessidades básicas. Significa dar a ela os instrumentos emocionais, espirituais, mentais e físicos de que precisa para manter o seu equilíbrio interior. Isso significa romper os velhos padrões que não nos servem mais. Significa que a honestidade precisa prevalecer. Significa nos tornarmos conscientemente criativos tanto em nossa vida quanto na vida da criança. Isso *não* significa que devamos tratá-la como se ela fosse um adulto em miniatura; significa simplesmente prestar atenção nela e tratá-la como ela gostaria de ser tratada. Nutrir uma criança também não significa comprar para ela todos os brinquedos mais populares ou encher a vida dela com os mais variados objetos. Significa compartilhar a vida com ela com todo o nosso coração.

Mais do que em qualquer outra época, os nossos filhos precisam de orientação. Quando eles têm dons especiais, dão a impressão de que sabem lidar com tudo. Embora sejam sábios o suficiente para considerar as opções que têm e fazer escolhas maduras em certas situações, ainda são crianças e ainda não têm idade para tomar decisões na vida sem nenhuma orientação. Podemos ajudá-los oferecendo explicações, opções e informações, assim como orientação e estrutura. Algumas das piores disfunções que tenho visto em crianças mais velhas partem daquelas cujos pais lhes dão total liberdade para tomar as suas próprias decisões, sem o estribo da orientação adulta para nortear essa liberdade. Essas crianças muitas vezes se sentem oprimidas e inseguras, e demoram mais para tomar decisões. Às vezes elas simplesmente preferem não tomar decisão nenhuma. Ficam paralisadas, sem saber aonde ir. Precisamos orientar os nossos filhos com responsabilidade, enquanto eles aprendem a tomar decisões sábias. Por exemplo, se uma criança precisa fazer uma escolha na vida, podemos ajudá-la a examinar os possíveis resultados de suas decisões. Se conversarmos sobre cada uma das hipóteses, ela aprenderá a contemplar as situações da vida de todos os ângulos. A criança então aprende a abordar as decisões futuras de uma perspectiva mais conscienciosa, e não com base no desejo de obter gratificação imediata. Esse processo também mostra como as decisões podem afetar outras pessoas ou situações futuras. Assim, a criança aprenderá a tomar decisões informadas – e, no melhor dos casos, a fazer boas opções.

Temos de falar a verdade e agir de acordo com ela, pois as crianças sabem quando fazemos o contrário. O drama e a reação exagerada são pouquíssimo recomendáveis, pois essas crianças sentem tudo. Com uma dinâmica tranqüila de diálogos, se tiverem a mínima chance, elas se mostrarão bem dispostas a examinar todos os aspectos de uma situação. A maioria dos pais e responsáveis que adotam esse tipo de comunicação geralmente descobre que, no final, são eles que estão aprendendo com as crianças!

Ambiente doméstico

Como discutimos anteriormente, as Crianças de Hoje são extremamente sensíveis ao ambiente. Esse ambiente inclui não apenas a qualidade do ar que respiramos, o terreno que ocupamos e a água que bebemos, mas também os arredores da casa onde moramos e a escola onde elas estudam. Na verdade, é qualquer lugar que a criança freqüente. O ambiente também diz respeito à estética; a aparência que ele tem e a impressão que deixa têm tudo a ver com o quanto elas se sentem à vontade dentro dele. Como o campo energético das Crianças de Hoje é constituído de freqüências luminosas de vibração superiores aos das gerações anteriores, é preciso um cuidado extra na criação do ambiente em que elas vivem. O campo energético dessas crianças é muito mais sensível do que a nossa pele. Elas na verdade sentem cor, luz, som e até formas, assim como sentimos as coisas por meio do tato. Mas, para essas crianças, é como se alguém tivesse girado o botão de volume da sensibilidade, aumentando-o. Essa sensibilidade intensificada realmente se expande, como uma antena, muitos centímetros além do corpo delas. Quando o campo energético de uma criança sensitiva é tocado por vibrações de cor, som, formas ou informações, ela os sente no âmago do seu ser. Se um ambiente é desconfortável, a criança muitas vezes é superestimulada e reage de acordo. Embora essa hipersensibilidade provavelmente não seja registrada no nível consciente, a inaptidão da criança para verbalizar o seu desconforto subconsciente cria uma "aflição" que ela demonstra em seus comportamentos e estados de espírito.

As disposições de ânimo e os níveis de conforto da criança são facilmente afetados pelas cores do ambiente em que ela está. Cores suaves e aconchegantes – como os tons pastéis de azul, cor-de-rosa, verde, verde-azulado e lilás – são ótimas para produzir um ambiente calmo. É preciso usar com cautela os amarelos e vermelhos vibrantes, pois uma criança em ambientes dessas cores tende a ficar mais ansiosa, nervosa ou hiperativa. Isso porque cor é freqüência e freqüência (como a energia) é som e movimento. A energia da cor interage com os nossos sistemas energéticos pessoais e de fato pode alterá-los. As cores escuras, como os marrons, azuis, verdes ou roxos profundos, têm freqüências mais baixas e, portanto, são terrenas demais para crianças sensíveis. Para uma criança assim (ou até para um adulto), essas cores escuras e pesadas podem passar uma impressão de peso que a puxa para baixo. Se uma criança sensível passa um tempo considerável num ambiente repleto de cores escuras, ela começa a dar sinais de melancolia ou depressão moderada. Se, por questões de estética, for preciso combinar certas cores num cômodo ou na casa, prefira cores com freqüências parecidas. Por exemplo, não convém misturar azul-marinho e verde-azulado, verde-limão com vermelho ou cores que não se harmonizam.

Dados auditivos e visuais também são extremamente importantes. Um campo visual e/ou sonoro opressivo também pode deixar essas crianças pouco à vontade ou sobrecarregadas. O barulho da TV, do rádio, do videogame ou até mesmo o burburinho constante de pessoas falando aumentarão progressivamente comportamentos negativos, por isso é uma boa idéia limitar o volume de aparelhos eletrônicos ou o tempo permitido para usá-los. Cômodos em desordem ou até paredes cobertas de pôsteres e quadros, com pouco espaço livre, também podem perturbar ou superestimular a criança sensível. Superfícies vazias contribuem para acalmá-la. Estantes onde os objetos são organizados por tamanho; gravuras nas paredes que tenham um significado pessoal e não estejam ali só para ocupar espaço; móveis com cores sólidas em tons harmoniosos com o resto do cômodo e um ambiente ordenado, com lugar para os brinquedos e materiais de desenho (você pode encontrar na maioria das lojas de artigos para a casa carrinhos organizadores de baixo preço, com gavetas ou prateleiras), são bons exemplos de como organizar um ambiente onde reine a desordem. Como as Crianças de Hoje são "fisicamente conectadas" à natureza, plantas naturais, projetos de jardinagem e até água corrente – na forma de fontes ou tanques de peixe – podem ser excelentes meios de criarmos um ambiente confortável e suave para elas.

As figuras geométricas básicas adicionam uma dimensão impressionante à energia geral de um cômodo. Esferas, pirâmides (de quatro lados), cubos, octaedros e outras figuras geométricas são formas energéticas básicas encontradas em toda a criação. Dentro de todos nós existem lembranças inerentes que reconhecem esses formatos básicos e ressoam harmonicamente com eles. Objetos com formas geométricas também são fáceis de limpar!

Outra coisa que é preciso ter em mente é que ondas eletromagnéticas também podem interferir no campo energético das crianças, fazendo com que desenvolvam padrões desarmônicos. Essa interferência pode ser causada por fontes diversas como TVs, computadores, linhas de força, fornos de microondas, videogames, etc. Qualquer uma delas pode causar problemas de comportamento ou drenar energia física.

Atividades

Como as Crianças de Hoje pensam de modo compartimentado, as atividades com formato linear não agradam a nenhuma delas por muito tempo. A pessoa que pensa dessa maneira costuma ser capaz de realizar várias atividades simultaneamente, por isso é natural que a atenção das Crianças de Hoje se volte em várias direções diferentes. O que, à primeira vista, pode parecer um foco de atenção limitado é na verdade a capacidade de se concentrar em várias coisas ao mesmo tempo. Essas crianças são como esponjas, absorvendo tudo à volta delas. Elas podem "mudar a marcha" mentalmente de maneira ininterrupta. Por exemplo, podem falar, neste momento, sobre o projeto artístico que estão fazendo e, no momento seguinte – aparentemente sem dar nenhum aviso – passar a discorrer sobre a realidade multidimensional. Ou podem afagar o cachorro, depois falar de mecânica quântica e voltar a afagar o cachorro. Às vezes, isso pode ser meio irritante para os pais ou cuidadores não-familiarizados com o fenômeno! A melhor maneira de lidar com esse tipo de comportamento é dar à criança múltiplas escolhas simultaneamente. O ideal é oferecer a elas até cinco atividades diferentes. Por exemplo, para uma criança pequena, um livro de colorir e lápis de cor; tinta e folhas em branco; cartões com letras, números ou palavras; um jogo de tabuleiro e talvez um trabalho de arte são todos eles ótimas opções. As atividades são, todas elas, interessantes para a criança também, pois combinam diversão com aprendizado. Lembre-se de mudar as atividades regularmente para manter o interesse dela.

As Crianças de Hoje tendem a deixar rastros das suas atividades de cômodo em cômodo, por isso convém impor algumas regras. Cada atividade deve ser realizada no local apropriado, escolhido pelo adulto, como uma mesa onde tinta derramada não será problema. A atividade deve se restringir à área designada. A criança pode passar de uma atividade a outra a seu bel-prazer, mas é responsável por limpar e organizar a sua própria bagunça. A criança deve ser convidada a concluir qualquer projeto que tenha começado antes de pôr as coisas em ordem. Essa medida deve diminuir o rastro de atividades deixado para trás e aliviar pais cansados de arrumar a bagunça dos filhos. Ela também pode ser uma boa opção quando há mais de uma criança, pois o leque de opções torna mais provável que elas queiram brincar juntas. Ocupar as crianças em várias tarefas divertidas e construtivas alimenta a sua curiosidade incessante e dá a elas uma válvula de escape para o seu alto fluxo de energia. Isso resulta numa criança mais calma e num ambiente doméstico mais tranqüilo também.

Para pais de Crianças das Estrelas, passeios a planetários ou a centros de ciência são uma maneira fantástica de saciar a sede que elas têm de aprendizado científico. Quebra-cabeças tridimensionais, modelos com partes móveis ou motores, laboratórios de química (com supervisão, é claro), kits para fazer cristais de verdade, fazendas de formigas, kits para construção de rádios – na verdade, tudo o que tenha um perfil técnico – são ótimas opções. Livros, claro, são sempre bem-vindos! Passeios a parques, trilhas em meio à natureza ou zoológicos (onde as crianças possam interagir com os animais) também são boas alternativas.

Antes de mais nada, uma estrutura suave mas consistente é vital para essas crianças. Elas precisam saber o que esperar do mundo e o que o mundo espera delas. Se elas não têm idéia do que significa ter sucesso, não serão bem-sucedidas. Se não entenderem claramente as regras, não saberão cumpri-las. A comunicação clara do que se espera delas e o acompanhamento constante são essenciais. As Crianças de Hoje se sentem muito mais confortáveis quando sabem quais são os seus limites. Para tanto, elogios são fundamentais para realizações bem-sucedidas. Além disso, em vez de aplicar uma punição imediata, os pais devem conversar com a criança a respeito do mau comportamento, para que elas saibam por que e como elas desobedeceram às regras. Por exemplo, se a criança não seguiu uma regra doméstica, você pode iniciar a conversa pedindo a ela que explique como a desobedeceu. Isso faz com que ela tome consciência. Em seguida, você pode lhe perguntar como ela pode mudar esse comportamento para fazer uma escolha diferente da próxima vez. Dê a criança tempo suficiente para pensar antes de responder! Isso vai lhe dar chance de aprender a fazer escolhas positivas e eficientes. Por fim, pergunte a ela se aprendeu alguma coisa com a situação e esteja pronto para conversar a respeito tendo em mente o ponto de vista da criança. Em muitos casos, descobri que a criança tinha simplesmente um ponto de vista diferente com relação ao que era certo no momento e não tinha nenhuma intenção de prejudicar ninguém. Por isso a flexibilidade e a paciência são importantes. A disposição para ouvir a criança, assim como para lhe comunicar as regras é parte da solução para corrigir o problema. Simplesmente vociferar as regras para as Crianças de Hoje – ou para qualquer criança – não garantirá o sucesso e a harmonia dentro da família. A criança sabe o que é certo e errado e geralmente tem um senso de integridade maior do que o de muitos adultos. Em essência, os pais precisam estar dispostos a levar em consideração os pontos de vista da criança. Às vezes, as opiniões diferentes que elas têm podem nos impressionar e encantar, provocar diálogos mais profundos e a consciência maior de todos.

Contatos

Muitos pais com quem conversei sentem-se muito solitários na situação em que vivem. Eles têm filhos que demonstram dons impressionantes – e que podem ou não parecer crianças "normais" – e simplesmente não têm oportunidades suficientes para encontrar outros pais e crianças que vivam situações parecidas. Alguns casais cujos filhos apresentam grandes diferenças físicas ou mentais sentem-se mais isolados ainda. A situação financeira às vezes é difícil, por causa das despesas médicas ou do tempo prolongado que os pais precisam passar com a criança. Isso torna as viagens difíceis e às vezes impossíveis. As famílias que conheci moram nas mais variadas cidades dos Estados Unidos – na verdade, do mundo todo. Elas se sentem isoladas da sociedade, muito embora os seus filhos sejam alguns dos maiores exemplos que a humanidade possa ter.

Eu gostaria de ver um dia o desenvolvimento de uma grande rede que promovesse o diálogo entre pais e crianças do mundo inteiro. Essa rede poderia envolver a Internet, debates online organizados por pais e grupos sociais, que permitissem o encontro de famílias e profissionais que vivem circunstâncias parecidas. (O site em inglês www.childrenofthenewearth.com planeja se expandir para atingir esses mesmos objetivos. Ele também hospeda fóruns nos quais pais e crianças podem conversar online.) Talvez possamos até mesmo desenvolver um sistema escolar que levante fundos para que as famílias possam viajar e participar desses tipos de atividade. Uma vez juntos, pais, professores, crianças e outros interessados poderiam contar as suas histórias e transmitir as suas mensagens ao mundo. Poderia haver uma conferência anual ou semestral, um simpósio de seres com talentos especiais e com a participação daqueles que lhes dão apoio. Evidentemente, isso teria de ser feito a um preço acessível a todos. Na maioria dos casos, esse tipo de conferência ou reunião começa com boas intenções, mas com o tempo acaba perdendo o foco, com profissionais se acotovelando para anunciar os seus serviços e participantes só tendo chance de conversar nos corredores entre as palestras. Situações mais interativas beneficiariam muito mais a todos. Talvez alguns dos “especialistas” no assunto pudessem doar os seus serviços sem cobrar nada. Eu mesma faria isso! Outra possibilidade seria um acampamento onde pais e crianças conviveriam juntos e trocariam experiências, e as crianças pudessem encontrar outras iguais a elas. Haveria exercícios para desenvolver os talentos das crianças e expandi-los de modo que pudessem ser mais bem aplicados.

Os sites de bate-papo da Internet ou os quadros de mensagem são outra solução fácil para que pais, professores e cuidadores expusessem as suas opiniões. Eu ouvi falar recentemente de uma sala de bate-papo em Wisconsin onde um grupo de Crianças de Hoje se encontra para conversar sobre os seus dons e idéias. (É claro que nenhuma criança pode ser deixada online sem a supervisão de um adulto, pois existem verdadeiros predadores por aí, que monitoram e até participam de salas de bate-papo de crianças.) O objetivo de tudo isso é acabar com a idéia de que as crianças com dons especiais são anomalias. As Crianças de Hoje existem em todo lugar e são vitais para a evolução humana, por isso precisamos dar espaço para as diferenças que percebemos e ajudar essas crianças de todas as maneiras possíveis.

Sugestões para mudanças na alimentação

Eu quero deixar claro que não sou especialista em nutrição. As informações apresentadas nesta seção foram colhidas em entrevistas com pais e profissionais que acharam essas sugestões úteis, e também têm como base o bom e velho bom senso.

Como os relacionamentos do nosso DNA estão em constante evolução – e por fim se alterarão completamente –, o tipo de informação que o nosso corpo recebe também muda. Sem dúvida a melhor maneira de assegurar que as Crianças de Hoje tenham as suas necessidades nutricionais atendidas seria adaptar a dieta ao seu DNA individual. Se a alimentação das nossas crianças fosse planejada com base no DNA, ela teria de mudar constantemente à medida que os seus campos energéticos evoluem. Assim elas poderiam receber o sustento ideal o tempo todo. Imagine só – uma nutrição de última geração, que evolua continuamente! Claro, essa tecnologia não é totalmente prática e nem está à disposição do público em geral. Mas algum dia estará!

No nosso mundo caótico, parece nunca haver tempo suficiente para tudo o que precisamos fazer. Nós nos tornamos pessoas que valorizam a conveniência, e com ela vem a má alimentação. Muitos de nós costumamos fazer as refeições no intervalo entre os compromissos, e alimentamos os nossos filhos da mesma maneira. Alimentos industrializados ou que podem ser aquecidos no forno de microondas ou permitem preparo rápido geralmente contêm todo tipo de conservante e muitas vezes só lembram vagamente o seu estado natural. Alimentos preparados de modo mais natural são cada vez mais comuns nos supermercados e, embora possam custar um pouco mais, os benefícios que representam para o nosso corpo são incalculáveis. Preparar hortaliças frescas pode levar só um pouco mais de tempo do que abrir uma lata e despejar o conteúdo numa panela. Os vegetais embalados industrialmente já vêm cozidos e, nesse processo, perdem muitos dos seus nutrientes. Só porque algo é vendido em mercearias não significa que seja um produto saudável ou bom para nós. O marketing das indústrias alimentícias nos leva a comer muitas coisas que não nos fazem bem, mas que julgamos benéficas porque ostentam um rótulo dizendo "saudável e natural". Como tudo mais na vida, os pais precisam usar o bom senso quando se trata das necessidades nutricionais dos filhos. As Crianças de Hoje geralmente sabem ouvir muito bem o próprio corpo e parecem saber do que ele precisa. Normalmente, quando lhes damos uma oportunidade, elas fazem escolhas surpreendentemente saudáveis. Crianças pequenas parecem particularmente atentas às suas necessidades, portanto, é uma boa idéia aprender a ouvi-las em vez de optar pelo que é mais conveniente.

As Crianças de Hoje têm sistemas metabólicos que exigem uma alimentação diferente, em particular quando são Crianças Cristalinas. Elas geralmente precisam comer porções pequenas, em vez de fazer três grandes refeições por dia. As Cristalinas e algumas Crianças das

Estrelas – principalmente as menores – preferem comer como passarinhos. Isso não significa que devamos lhes colocar uma cenoura na mão e esperar que corram para brincar enquanto comem. Refeições e petiscos preparados com cuidado são mais eficazes. (Se você conhece ou tem em casa uma criança com talentos especiais, provavelmente testemunhou o desafio que representa a hora das refeições para uma criança que não está interessada em comer. Ela se limitará a ciscar o prato, sem vontade nenhuma de comer. Quantos de nós já ouvimos uma criança dizer, "Quantas garfadas ainda preciso dar?" Admito que existam crianças que não querem comer simplesmente para não interromper a brincadeira, mas não é disso que estou falando. Como as Crianças de Hoje são extremamente sensíveis, precisamos considerar a hipótese de que possam se sentir infelizes diante da idéia de comer algo que não esteja em sintonia com elas.

Quando as crianças não comem de uma maneira que as beneficie, o corpo delas não funciona normalmente. As Novas Crianças são particularmente vulneráveis a alergias aos alimentos, pois, como tudo mais, comida é energia e cada tipo de comida tem uma vibração particular. Eu recebi um e-mail pouco tempo atrás de uma senhora encantada com a capacidade da sobrinha Cristalina de determinar de que tipo de comida ou bebida precisa. Numa ocasião, a mãe da criança ofereceu a ela um suco de várias frutas diferentes. A criança refletiu um instante e então escolheu uma combinação diferente, desprovida de uma determinada fruta. Não era uma questão de gosto, mas de saber quais eram as necessidades dela. Outro exemplo vem de uma avó que levou os dois netos a uma loja de produtos naturais. Normalmente a mãe os levava ao supermercado e deixava que escolhessem uma variedade de produtos industrializados e de baixo valor nutritivo, como balas, bolachas e salgadinhos. Enquanto a avó percorria os corredores com os netos, ela ficou encantada ao ver que, sem quase nenhuma orientação da parte dela, as crianças escolheram alimentos frescos – hortaliças, frutas, sucos, nozes. Tudo o que havia fresco na loja foi para o carrinho. As crianças não tinham aprendido nada sobre alimentação saudável, mas, quando tiveram chance de escolher, fizeram as opções certas. Marca era algo que não significava nada para as crianças e ficou evidente que estavam selecionando os alimentos com base numa orientação interior.

Se o seu filho ou outra criança do seu convívio tiver olheiras, problemas digestivos ou outro sintoma de falta de energia, pode ser uma boa idéia levá-lo a uma clínica especializada em alergias. A sensibilidade com relação a certos alimentos pode intoxicar o corpo da criança, que por sua vez pode causar uma série de problemas, dos mais leves aos mais acentuados. Ao longo do tempo, o corpo pode ficar estressado ou sobrecarregado, pois precisa trabalhar em dobro para compensar a toxicidade dos alimentos. Por causa disso, é preciso cuidado para evitar alimentos que possam ter hormônios ou antibióticos residuais (como os contidos na carne, nos ovos e no leite), a menos que eles sejam produzidos organicamente ou provenham de animais que vivem soltos e se alimentam livremente. Os alimentos transgênicos devem ser evitados. A comunidade científica não está levando em consideração o fato de que, sempre que um alimento é geneticamente modificado, a maneira como ele é assimilado pelo nosso corpo também muda. Diferentes relações protéicas são criadas, afetando a maneira como assimilamos os alimentos e seus nutrientes e, portanto, como funcionamos como organismos biológicos. Essas mudanças passam a fazer parte da nossa evolução. Se deixarmos que isso continue sem um estudo mais aprofundado, acabará por afetar toda a cadeia alimentar e causar mutações nas plantas, nos animais e até em nós.

Oitenta por cento do nosso corpo é composto de água. À medida que queimamos calorias e a energia circula pelo nosso corpo, grande parte dessa água evapora. Por isso é importante que nos lembremos de nos hidratar. As Crianças Cristalinas, principalmente, precisam de uma grande quantidade de líquidos. Muitas delas parecem ter uma sede insaciável. Graças às suas altas taxas metabólicas, e pelo fato de serem condutores de energia, elas queimam fluidos muito rapidamente. As Crianças das Estrelas também necessitam de muito líquido, mas parecem agüentar intervalos mais longos. Além da água, sucos de fruta ou vegetais, leite (orgânico, se possível), bebidas energéticas que repõem eletrólitos (com moderação) e outras bebidas naturais são boas opções para manter as crianças hidratadas.

Convém evitar o açúcar, pois uma pequena quantidade já é suficiente para fazer as Novas Crianças viajarem à velocidade da luz! O açúcar inverte temporariamente as polaridades, ou cargas elétricas, do nosso sistema nervoso, atingindo até os seus menores aspectos. Isso provoca a excitação das minúsculas partículas subatômicas do organismo, causando um efeito passageiro de "euforia" e posteriormente cansaço, pois o corpo tem de trabalhar em dobro para compensar a ingestão de açúcar. Como o sistema nervoso é o sistema de comunicação do nosso corpo, temos de tratá-lo com respeito, sem forçá-lo a trabalhar demais. Se não houver como evitar o açúcar, saiba que já se encontra na maioria dos supermercados açúcar mascavo, um açúcar de grânulos grandes de coloração caramelo. Trata-se de um produto realmente muito bom. Outro substituto para o açúcar refinado é a estévia, um adoçante derivado de uma planta subtropical da família do girassol. Ela pode ser encontrada em lojas de produtos naturais, em líquido ou em pó.

Em vez de alimentos pobres em nutrientes, o lanche da criança pode ser composto de frutas frescas, como maçãs e laranjas, frutas desidratadas ou produtos similares. Manteiga de amendoim e aipo, bolachas água e sal com requeijão ou patês feitos em casa também são boas opções. Não é preciso muita imaginação para fazer lanches saudáveis para as crianças, só um pouco mais de tempo.

O modo como os alimentos são combinados também é importante. Acredite ou não, o corpo requer diferentes enzimas para realizar cada processo digestivo. Ele precisa de um tipo de enzima para digerir a carne, outro para digerir as frutas, outro para digerir os laticínios e assim por diante. Quando alimentos incompatíveis do ponto de vista digestivo são servidos na mesma refeição, o resultado é a má digestão, que pode provocar uma série de problemas – um dos mais comuns é o excesso de peso. Também é uma boa idéia limitar a quantidade de carboidratos na alimentação das crianças. É melhor que elas fiquem longe de pães que contenham conservantes químicos; com exceção dos casos em que a criança tem alergia ao glúten ou ao trigo, prefira pães integrais. Procure evitar também gorduras hidrogenadas, pois elas permanecem no organismo quatro vezes mais tempo que as gorduras normais, que são naturais e uma parte benéfica da dieta humana. Alimentos de baixa caloria não são necessariamente saudáveis!

Os suprimentos nutricionais também podem ser muito úteis às crianças. O conselho mais freqüente que recebi dos pais, professores e cuidadores a respeito das necessidades nutricionais das Crianças de Hoje é fortalecer o sistema imunológico delas. Óleo de peixe rico em ácidos graxos ômega-3; vitamina C em forma de suco de frutas cítricas (que ajuda a limpar e desintoxicar o sistema linfático e melhora a condutividade eletromagnética do corpo); vitaminas E, A e D, alho e um bom suprimento vitamínico com sais minerais são, todos eles, ótimas escolhas. Verduras com folhas verde-escuras (como o espinafre e a couve) contêm propriedades que fazem bem à saúde e até ajudam a prevenir o câncer. Evidentemente, é sempre uma boa idéia consultar um médico antes de mudar a alimentação de uma criança ou começar a lhe dar suprimentos vitamínicos. O ponto-chave aqui é usar o bom senso, observar os efeitos causados pelos alimentos ingeridos e ter uma grande dose de flexibilidade com relação às necessidades e desejos nutricionais das crianças.

Soluções na Escola

Capítulo 13

Como melhorar a experiência escolar

Além do ambiente doméstico, uma das áreas mais importantes em que a sociedade pode influenciar a vida das Crianças de Hoje é o sistema escolar. Nutrir o ser das crianças em sua totalidade – corpo, mente e espírito – é fundamental para o crescimento delas e para a eficácia do processo de aprendizado. Atualmente, no entanto, alimentamos a mente das crianças, mas não a alma delas. Dia após dia, proporcionamos a elas um ambiente escolar que esgota as suas reservas de energia, na tentativa de manter a sua funcionalidade dentro do ambiente, até que elas se extraviem ou se tornem apáticas e entorpecidas. Muitas crianças contraem doenças que não parecem ter causa orgânica. (Essa e as observações a seguir se aplicam também a muitas crianças ditas "normais".)

As Crianças de Hoje são tão sensíveis que o ambiente institucional rígido e muitas vezes caótico das nossas escolas públicas e particulares passa a lhes ser desagradável. Para essas crianças, o caos é literalmente doloroso. As salas apinhadas de alunos das mais variadas procedências e com atitudes as mais diversas fazem com que encontrem dificuldade para se adaptar ou ir bem nos estudos. No entanto, a bagunça e o caos que reinam no ambiente escolar típico são só a ponta do iceberg. Ambientes institucionais e excessivamente regulamentados também são nocivos. Quinas, superfícies ásperas, a sobrecarga de informações visuais e auditivas são, para essas crianças, como unhas riscando a superfície de uma lousa. Luzes fluorescentes são desagradáveis e causam problemas visuais e dores de cabeça em algumas dessas Novas Crianças. Tudo isso adicionado às ondas eletromagnéticas irradiadas pelas lâmpadas do teto, dos computadores e de outros equipamentos escolares podem drenar a energia dessas crianças. Acrescente a isso o costumeiro mau comportamento de algumas delas ou um professor num dia ruim e as Crianças de Hoje simplesmente não conseguirão lidar com esse ambiente tão bem quanto as outras crianças. Cada um dos subgrupos das Crianças de Hoje tende a reagir a essas situações de um modo diferente: as Cristalinas acham que no fundo está tudo bem e vão querer "consertar" o que houver de errado para que todo mundo fique feliz – uma tarefa monumental para simples criancinhas! As Crianças das Estrelas, por outro lado, vão se isolar com um livro nas mãos ou com algo que seja intelectualmente interessante e ignorar o resto. (Muitas Crianças das Estrelas internalizam os sentimentos e, com o tempo, isso pode lhes ser prejudicial.) As Crianças Transicionais ou inventarão maneiras fantásticas de fazer algo de bom pelo mundo ou chamarão a atenção das pessoas para a situação de um modo não muito aceitável. Haverá ainda outros membros desse grupo que passarão a adotar um comportamento completamente negativo.

Os sistemas escolares estão tão superlotados e carentes de verbas e funcionários que os professores têm dificuldade para desempenhar o seu papel a contento. Acrescente a isso a combinação de crianças vindas de lares, culturas e ambientes socioeconômicos diferentes e o que se tem são crianças formando panelinhas, indiferença por parte dos funcionários e um sistema educacional incapaz de agradar a todas as crianças. À medida que elas tentam sobreviver em face do que mais parece um desafio intransponível, as perspectivas se tornam sombrias e a violência muitas vezes prevalece. O resultado final tem sido uma população ignorante, alheia não só ao mundo acadêmico, mas aos problemas e acontecimentos globais. Nós nos tornamos uma nação de ovelhas guiadas e alimentadas pelos políticos e pela mídia. Estamos sendo condicionados a aceitar as idéias e ideais de outras pessoas, como se eles nos fossem servidos numa bandeja, e isso está levando o nosso mundo a uma divisão ainda maior, na forma de violência, guerras e o declínio da cultura entre as massas.

Muitos desses problemas começam na escola. *É hora de uma grande mudança.* Se quisermos que a nossa sociedade evolua de modo a beneficiar a todos, é hora de nutrirmos as nossas crianças e mudarmos as nossas atitudes. Quando as nutrirmos criando tipos novos (e mais benéficos) de ambiente, adotando métodos diversos de ensino, começaremos a ver um reflexo da nossa consciência social nos olhos delas. Essas crianças se tornarão indivíduos mais fortes e aplicarão essa força e seus dons especiais a tudo o que fizerem.

Tenho ouvido muitas e muitas crianças especiais ou com necessidades especiais sendo obrigadas a deixar a escola por pedido da própria direção. Existe aparentemente uma inaptidão e uma falta de treinamento generalizados no que diz respeito à "socialização" de crianças que são diferentes. Isso vale tanto para crianças com deficiências físicas quanto para aquelas com diferenças mais sutis, algumas das quais são descritas neste livro. Quando essas diferenças não são respeitadas e aceitas, ocorre um desserviço não só para as crianças como também para as famílias delas, para a comunidade e para as gerações futuras. O resultado final é que o ambiente e as atitudes das escolas públicas e até particulares não fomentam o bem-estar dessas crianças maravilhosamente sensíveis e bem-dotadas.

Eu ouvi falar pouco tempo atrás de uma garotinha de uma escola pública da Geórgia que tem dons psíquicos. Na época em que este livro foi escrito ela tinha 6 anos de idade. Ela é uma Criança Cristalina que lia inocentemente a mão das pessoas no parquinho, valendo-se dos seus dons. Por isso foi expulsa da escola – como se fosse uma bruxa! Sim, nos Estados Unidos, em pleno século 21, as pessoas têm medo das diferenças dessa garotinha! Ela é a segunda criança de que ouvi falar recentemente, discriminada pelo fato de ter dons especiais. A primeira foi suspensa da escola durante três dias por razões semelhantes.

Como lidar com tudo isso num mundo em que as escolas não têm funcionários suficientes, passam por dificuldades financeiras e têm alunos saindo pelo ladrão?

Para descrever melhor as mudanças necessárias nas nossas escolas, achei que seria mais apropriado reproduzir as palavras de uma das nossas crianças especiais com respeito à sua experiência pessoal:

> Como aluno de uma escola especial, eu era tratado como se fosse invisível. Mas isso tinha mais a ver com as minhas características cristalinas do que com o meu corpo físico. Todo dia, enquanto a minha mãe me levava para a escola, eu ouvia no carro músicas com as mais belas e inspiradoras afirmações; no entanto, ao chegar lá as lembranças delas logo se dispersavam.
>
> Eu me tornava invisível aos olhos deles. Acho que eles percebiam a minha profunda consciência e simplesmente não se achavam preparados. Então, em vez de me ouvir e saber dos meus sentimentos feridos, eles me tiravam da sala de aula e me mandavam para a Sala de Recreação, onde eu podia remoer a minha dor. Se eles ao menos me ouvissem, se ao menos parassem um momento para me ouvir, saber o que eu sentia, e não (me) pedissem para eu me separar em partes distantes! Quando não somos considerados como um todo, essa aniquilação das partes, o estilhaçamento do todo, é o caminho que tendemos a seguir como Crianças Cristalinas.
>
> Eu acredito que a época de escola possa ser um momento decisivo com muitas decisões delicadas a tomar; no entanto, quando o espírito está no banco do motorista e as famílias das Crianças

Cristalinas estão no banco de trás, observando atentamente e ouvindo de verdade, um relaxamento toma conta de nós. Esse é o despertar do espírito em todos nós. É o universo sabendo que está sendo ouvido. Essa é cada Criança Cristalina respondendo com alegria e celebrando a co-criação com o espírito. Quero frisar que ouvir profundamente é a chave para o relaxamento em toda essa situação.

Mensageiro da Luz e do Amor,
Nicholas M. Tschense, 9 anos

A descrição que Nicholas faz da aniquilação de suas partes me tocou fundo. Ele revela o ponto de vista de uma típica Criança Cristalina de que tudo e todos são parte de um todo maior; quando isso não é levado em conta, a unidade que elas incorporam se estilhaça e elas sentem essa dor no âmago do seu ser. Quantas dessas crianças vivem dia após dia por aí, sentindo a mesma coisa, embora não sejam tão eloqüentes quanto Nicholas em sua capacidade de expressar os seus sentimentos? Muitas dessas crianças simplesmente ficam quietas, baixam a cabeça e se arrastam pela vida até que um dia possam fazer algo mais confortável.

Estudar no ambiente doméstico

Para remediar essa situação, muitos pais conscientes resolveram agir por conta própria e começaram a ensinar os filhos em casa. O estudo em casa permite que o aluno tenha um horário mais flexível e possa aprender num ritmo que lhe seja mais confortável. Algumas crianças se superam, precisam de bem menos tempo para estudar e logo fazem progressos estudando no ambiente doméstico. Outras que exigem mais atenção e assistência adaptam-se rápido e livram-se do estigma de serem um pouco mais lentas do que as outras em algumas matérias.

Existe um movimento popular entre as famílias que tem sido muito criativo com relação à educação doméstica das crianças. Pelo que sei, as mais bem-sucedidas são as famílias que focam a educação dos filhos nas matérias de que eles mais gostam. As crianças estimuladas dessa maneira não estão apenas se adaptando bem, mas de maneira extraordinária. É claro que os pais não se limitam à matéria de que os filhos mais gostam (que poderia ser música, arte ou ciências), mas criam maneiras inventivas de fazer com que as crianças busquem o que lhes interessa – por exemplo, aulas onde aprendem a tocar um instrumento ou vários e excursões a galerias de arte, centros de ciências ou outros pontos de interesse que envolvem assuntos do interesse da criança. Como parte da educação de uma das filhas, um casal que mora numa fazenda no Kansas permitiu que ela cultivasse um campo de girassóis. O lugar era tão lindo que logo se tornou uma atração local. A bela criança de cabelos loiros e olhos azuis era fascinada por girassóis e, enquanto colocava o seu projeto em prática, aprendeu todo o processo de cultivo do solo – desde a plantação até a colheita e todas as etapas intermediárias. Essa garota também tinha a sua própria criação de bezerros, todos alimentados à base de mamadeira e cuidados por ela, além de tocar cinco instrumentos musicais diferentes. Ela fala com autoridade com relação a quase todos os assuntos, pois é estimulada a expressar os seus sentimentos e idéias. Outras famílias estão seguindo o mesmo exemplo, fazendo um esforço combinado consciente para proporcionar um currículo abrangente, de modo que as crianças possam receber uma educação completa.

A socialização é outra preocupação quando se trata de estudar em casa. Em alguns casos, essa prática pode fazer com que a criança e até mesmo a família se sintam isoladas. A interação com outras crianças e adultos é fundamental para aprenderem a viver em sociedade e a processar sentimentos e experiências. Como solução para isso, famílias de muitas regiões estão formando grupos que assegurem às crianças que estudam em casa reuniões para viagens ao campo e eventos sociais. Alguns deles têm até a sua própria tropa de escoteiros e bandeirantes. Outros grupos desse tipo fazem regularmente estudos de campo em grupos bem menores e mais íntimos e oferecem aos alunos muito mais qualidade e atenção. De modo geral, esse tipo de educação parece estar funcionando muito bem.

Ambiente das escolas públicas e particulares

Tanto nas escolas públicas quanto nas particulares, a mudança no ambiente e na estrutura do dia-a-dia pode fazer uma diferença radical no resultado das experiências de aprendizado das crianças, assim como no comportamento delas. Como já sabemos, as Crianças de Hoje são extremamente sensíveis aos ambientes e aos sentimentos e atitudes das outras pessoas. A primeira coisa a fazer é recriar o ambiente de aprendizado. Pense: quando vamos a uma escola ou a alguma outra instituição, qual a impressão que temos? Como ela nos parece? As paredes têm aquele tom institucional verde ou acinzentado? O piso é duro e frio? A atmosfera geral do prédio deixa evidente o orçamento apertado da escola e as regras severas? Nós nos sentimos intimidados pelo ambiente à nossa volta? Se nos sentimos, por que isso acontece? É porque a "retórica" de certos tipos de ambiente compreende regras inflexíveis, autoridades resolutas e insultos palpáveis. Às vezes eles também não nos passam uma impressão de limpeza. A tinta está descascando, a iluminação é muito forte e a mobília é velha e desconfortável. Além disso, há quinas em todo lugar e poucos sinais de vida natural, como plantas e animais. Isso em geral deixa as pessoas com uma sensação de vazio com relação ao lugar. Paradoxalmente, o ambiente escolar é desinteressante e não inspira nem um pouco a criatividade, quando é sobrecarregado com altos níveis de poluição visual e auditiva.

Imagine como as nossas crianças se sentem, tenham elas dons especiais ou não, quando têm de se sentar em carteiras duras e desconfortáveis. Geralmente essas carteiras são dispostas em fileiras, com assentos identificados ou escolhidos pelos próprios alunos por força do hábito. Todo mundo precisa encontrar um lugar que os identifique e as crianças estão condicionadas a saltar da carteira assim que o sinal toca, tenham ou não terminado as lições.

Luz, som e cor

Vamos começar com o ambiente. Primeiro, tanto os funcionários da escola quanto os alunos deveriam ser mais bem servidos com luz natural indireta, que não emite ondas eletromagnéticas tão fortes ou tão amplas quanto as lâmpadas fluorescentes. As emissões dessas ondas afetam todas as pessoas em certa medida, mas as Crianças de Hoje as sentem como campos energéticos palpáveis que invadem o corpo delas e faz com que se sintam doentes. As ondas eletromagnéticas desorganizam o alinhamento harmonioso das partículas do nosso campo energético e, quando isso acontece, as relações energéticas dentro e em volta do nosso corpo se alteram, causando muitas vezes efeitos prejudiciais nas crianças. As Crianças Cristalinas, em particular, são extremamente afetadas pelas emissões eletromagnéticas e muitas delas sentem fadiga e têm dor de cabeça por causa da iluminação desagradável das salas de aula. Outros aparelhos eletrônicos, como computadores e monitores, também são prejudiciais ao campo energético humano e, portanto, para a saúde dessas crianças. As emissões eletromagnéticas na sala de aula podem ser reduzidas trocando-se os monitores CRT pelos modelos mais novos, de tela plana ou LCD. Os modelos de tela plana e os LCD emitem muito menos radiação do que os CRT. (Essas emissões podem ser monitoradas com um medidor manual de baixo custo.)

Outro fato que afeta tanto a atenção quanto o bem-estar dessas crianças é algo que eu chamo de sobrecarga visual e auditiva. Esse tipo de "ofensa sensorial" ocorre quando o campo visual recebe tantas informações que a criança acaba ficando com uma sensação de caos, ou quando o barulho é tanto que se torna opressivo. Pense desta maneira: quando uma pessoa liga a TV num volume muito alto, não demora muito até que precisemos pedir que abaixe o volume. Na escola, existe um burburinho constante ao fundo da sala de aula e nos corredores, assim como ruídos externos, vindos do lado de fora das janelas. Essas distrações afetam a capacidade da maioria das crianças de se concentrar. E, numa instituição de trabalho, parece que o nível de barulho é semelhante. E numa instituição de ensino isso é importante demais para ser desprezado.

A simplificação da experiência ambiental, visual ou auditiva contribuirá enormemente para o bem-estar de todas as crianças. Para isso, basta dispor os objetos nas salas de aula e nos corredores de modo diferente. Guarde os livros e os materiais de apoio de modo organizado e, quando possível, instale gabinetes ou portas nas prateleiras, de modo que a bagunça fique longe dos olhos e tudo passe uma impressão de ordem. Na maioria das escolas, os desenhos, trabalhos e outros projetos dos alunos são fixados nas paredes das salas de aula e dos corredores. Livre-se da poluição visual. Por que não limitar essas exposições a determinadas áreas dentro da escola, como na "Sala de Exposições" ou na "Sala dos Sonhos"? Organize regularmente excursões com as crianças a essas áreas. Desse modo, em vez de se habituar ao trabalho dos outros alunos, elas podem mostrar as suas criações umas para as outras de maneira mais apropriada. Por que não fazer dessas ocasiões uma data especial? Elas são! Uma alternativa à poluição auditiva é adotar uma música de fundo que não seja repetitiva, para criar uma atmosfera que seja ao mesmo tempo calma e equilibrada. A música também pode encobrir interrupções barulhentas de pequena intensidade.

A cor é extremamente importante quando se quer criar um ambiente tranqüilo e menos caótico, que estimule o aprendizado. Infelizmente, a maioria das escolas opta pelo cinza ou verde institucional. Como eu já disse antes, cor é energia – ela, na verdade, tem freqüência e essas freqüências podem afetar o nosso estado de espírito e até o nosso desempenho. Para criar um ambiente positivo, cores claras e vibrantes são fundamentais. A combinação dessas cores num cômodo pode mudar a sua aparência e a impressão que ele deixa nas pessoas. Cores pastéis como amarelo-claro, lilás, violeta, azul-claro, cor-de-rosa, rosa-antigo e verde-claro (verde-sálvia ou verde-grama também servem) são boas opções. Cores terrosas tendem a provocar uma sensação de opressão forte demais num ambiente de sala de aula, por isso é melhor evitá-los (caso a intenção não seja fazer com que as crianças dêem longas cochiladas!). Evite também os tons escuros e intensos, como os azuis e vermelhos escuros.

Reorganizando a mobília da sala

Depois de criar uma atmosfera apropriada usando as cores, passe a considerar outros fatores que podem representar uma mudança positiva no ambiente. Primeiro, sempre que possível evite quinas e ângulos retos na disposição ou no tipo de mobília; a sala de aula ideal deveria ser redonda, sem cantos. Isso criaria uma atmosfera mais suave e em harmonia com a geometria sagrada – as formas que são componentes básicos da criação. Disponha os móveis da sala de modo geométrico, para que haja uma impressão de ordem e limpeza. Dentro de todos nós há o reconhecimento inato da forma geométrica, e essas formas podem exercer efeitos interessantes e positivos sobre todas as pessoas.

As figuras mais benéficas são algumas daquelas encontradas nos chamados "sólidos platônicos", que consistem nas mais básicas formas da criação: a esfera, a pirâmide de quatro lados, o cubo e o quadrado. Essas formas atraem o olho e induzem o aprendizado.

Como já afirmei anteriormente, as salas de aula em geral são dispostas em fileiras austeras de carteiras. Elimine essa sensação de austeridade e torne o ambiente mais pessoal. Separe as carteiras em pequenos grupos de crianças com habilidades semelhantes. Se a classe não for muito grande, faça um único círculo. Tire de questão a superioridade e a insinuação de comparação. Faça com que os professores passem a fazer parte do grupo integrando-os ao círculo ou colocando-os no centro dele. A mensagem que essa disposição das carteiras passa é a de que todo mundo tem a mesma importância. Além disso, as crianças poderão ver umas às outras e interagir com mais facilidade, sem que ninguém se distraia com alguém sentado atrás ou na frente. O cenário instantaneamente se torna mais íntimo e pessoal. A disposição em círculo também torna mais fácil dividir as crianças em grupos com níveis semelhantes de realização ou misturá-las para que suas habilidades se complementem. Nesse tipo de situação, as crianças aprendem a trabalhar juntas, a desafiar umas às outras e a se desenvolver como equipe. Elas passam a ter orgulho das suas interações e desenvolver qualidades úteis na vida, como lealdade, amizade, responsabilidade e comunicação.

Para a pessoa que pensa de modo compartimentado, a disposição em círculo também traz outros benefícios. É possível apresentar uma questão ou tarefa na carteira colocada no meio do círculo. As crianças podem aprender que o círculo é como um relógio. A questão no meio do círculo fica onde os ponteiros do relógio estão fixados. Cada criança sentada à volta do círculo contribui com a sua opinião a respeito da questão. Em outras palavras, a criança na posição do meio-dia começa a discussão, dando a sua opinião ou uma idéia sobre o assunto em questão. A criança ao lado dela, na posição das duas horas, por exemplo, teria de expor a mesma questão de outro ângulo. E assim por diante, até que todas as crianças em volta do círculo tenham se expressado. Depois a discussão giraria em torno da melhor solução que as crianças pudessem encontrar para a questão em debate.

Um toque natural

As Crianças de Hoje têm extrema consciência do meio ambiente, da natureza e do planeta em geral. As plantas contribuem enormemente para criar um cenário mais natural. Outros seres vivos também podem ser um acréscimo simples mas eficaz para adornar a sala de aula – um grande aquário de peixes ou de pequenos animais que possam ser alimentados e estudados pelas crianças e até a visita de animais de estimação em ocasiões especiais contribuem para deixar o clima da escola mais tranqüilo e alegre, tanto para os professores quanto para os alunos. A água corrente na forma de pequenas fontes purifica a energia da sala e acrescenta um som ambiente natural que suaviza os ruídos em torno.

Outra ótima maneira de estimular uma atitude calma e positiva é levar os alunos para o ar livre em dias em que o clima permitir. Deixe que elas levem consigo uma esteira ou cobertor com os quais possam forrar o chão. Deixe também que tirem os sapatos (se elas forem crescidas o suficiente para saberem calçá-los sozinhas depois) e sintam a grama sob os pés. Peça que fechem os olhos e sintam a brisa e depois relaxem durante alguns minutos. Depois deixe que se sentem num local da escolha delas e participem da lição proposta. Movimentos como os do T'ai Chi, alongamentos ou passos livres de dança prendem a atenção das crianças e eleva os seus níveis de energia. Isso pode ser feito logo pela manhã, ao chegarem, ou logo após o almoço, para evitar a sonolência inevitável que toma conta delas após a refeição. Basta um pouco de vontade para tornarmos a escola um lugar divertido!

Menos estrutura e mais conforto

O dia-a-dia na escola quase sempre tem uma rotina rígida, que inclui determinadas aulas em determinados horários e prazos estabelecidos para a realização e conclusão de tarefas – tudo o que gera uma pressão desmedida sobre muitas crianças. Como as Novas Crianças pensam de maneira compartimentada, elas são perfeitamente capazes de fazer várias tarefas ao mesmo tempo ao longo do dia. Em vez de fazê-las trabalhar no formato linear, seria mais benéfico se fosse instaurado um sistema rotativo progressivo de cinco ou mais atividades ou grupos de atividade. Num determinado dia seriam distribuídas tarefas sobre vários assuntos, cujo material ficaria à disposição das crianças em quiosques. Cada assunto teria a sua própria cota de trabalhos a serem feitos, livros a serem lidos, histórias a serem interpretadas e assim por diante – tudo disponível no quiosque relacionado àquele assunto. Seria preciso criar regras básicas, mas a ordem da realização das tarefas ficaria a cargo da criança. Ela poderia se dedicar a mais de um assunto por vez, mas não poderia passar para outro assunto até que todas as tarefas referentes a esse assunto fossem realizadas. A questão principal aqui é evitar que as crianças passem o dia todo fazendo tarefas de matemática referentes a uma semana e nada mais. Elas têm níveis de realização que precisam concluir, no entanto é dada a elas a chance de escolher que tarefas realizar, de modo que possam trabalhar num ritmo confortável.

Os sistemas escolares que adotam o esquema rotativo logo descobrem que muitas crianças com diagnóstico de transtorno do déficit de atenção ou de transtorno de déficit de atenção com hiperatividade começam a apresentar um desempenho muito melhor. As crianças têm a oportunidade de seguir adiante se concluírem sua tarefa do dia ou da semana e aquelas que forem um pouco mais lentas não se sentem pressionadas a competir com as outras. A competição pode ser um excelente instrumento de ensino quando usado com responsabilidade e integridade. Comparar as crianças abertamente, no entanto, nem sempre é bom. Uma criança é diferente da outra e cada uma delas tem uma perspectiva e opinião próprias sobre qualquer situação. Compará-las pode fazer com que passem a duvidar ou questionar o seu próprio valor e isso, por sua vez, pode causar problemas relacionados à auto-estima.

As boas-vindas à comunicação aberta

A comunicação é uma das maiores vantagens que podemos oferecer às nossas crianças especiais. Na escola, as crianças passam quase o tempo todo ouvindo instruções sobre o que fazer e quando fazer, mas raramente sobre como ou por que tudo isso está sendo feito. Elas nunca sabem o que vai acontecer em seguida, por isso não fazem idéia do que esperar. A criança que sabe o que vai acontecer em seguida sente-se muito mais segura na vida do que a criança que não sabe. Muitas vezes, o desconhecido gera stress, mas isso pode ser facilmente evitado por meio da comunicação clara e coerente.

Em todas as salas de aula, há momentos em que algumas crianças se mostram indisciplinadas. A bagunça reina na sala ou no parquinho e geralmente alguém recebe um castigo ou reprimenda e a vida continua. No entanto, para as crianças que testemunharam o episódio ou tomaram parte dele, o problema continua sem solução. Pouco tempo atrás fiquei encantada ao saber que uma escola particular reserva um horário todos os dias para que as crianças possam participar de um debate aberto. O tempo que cada uma delas tem para falar é considerado uma "zona segura", na qual ela pode expressar abertamente os seus sentimentos ao professor e aos colegas sem medo de repercussões ou julgamentos. As crianças têm permissão para dizer o que guardam no coração e na cabeça, extravasar preocupações e até expressar para as outras crianças como se sentem com relação às experiências que compartilham em sala de aula. Evidentemente, essa discussão é supervisionada e estimulada pelos professores e é preciso que existam regras que norteiem as conversações, para que sigam de maneira positiva e construtiva. O que os administradores da escola estão descobrindo com esse maravilhoso processo é que as crianças estão se sentindo muito mais confortáveis e à vontade nessas discussões e, de modo geral, muito mais comunicativas.

Muitas crianças que se comportam mal agem dessa maneira porque querem atenção, estão simplesmente entediadas ou têm outros problemas que não estão sendo discutidos ou resolvidos nem em casa nem na escola. Num cenário mais positivo, as crianças indisciplinadas podem descobrir que os seus atos não são aceitáveis para as outras crianças. Mas elas também podem ouvir coisas boas sobre elas mesmas (isso faz parte das regras), de modo que, em vez de as suas ações receberem um reforço negativo, elas aprendem com a aceitação de pessoas amorosas que o comportamento delas pode ser facilmente mudado e obter um resultado positivo, sem briga ou sofrimento.

De modo geral, o apoio às Crianças de Hoje requer bom senso, disposição e coerência o tempo todo. Se tomarmos a precaução de dar às nossas crianças o que elas precisam em casa, na escola e na sociedade, teremos uma geração incrível de pessoas sensíveis e talentosas que podem e levarão este mundo a horizontes inimagináveis de união e realização, em nome da melhor e mais elevada experiência da coletividade.

O QUE VEM A SEGUIR?

CAPÍTULO 14

Com todas essas mudanças e evolução em ritmo acelerado, onde acabaremos? O que acontecerá depois? Em primeiro lugar, se não resistirmos à inevitável transformação da raça humana e aprendermos a aceitar as mudanças e a deixá-las desabrochar nas infinitas possibilidades que toda a criação tem a oferecer, nós aos poucos descobriremos que o nosso mundo se transformou num local repleto de notáveis promessas. Vivenciaremos um despertar espontâneo dos nossos dons em níveis infinitos. À medida que alguns de nós respondermos a essas mudanças com desenvoltura, outros farão o mesmo. A consciência de todas as pessoas pode e de fato se elevará até um patamar superior e mais positivo, se ao menos tivermos coragem de participar consciente e intencionalmente da nossa evolução e capacitarmos a nós mesmos e aos nossos filhos a empreender uma mudança positiva.

Os campos energéticos cristalinos das Crianças de Hoje já começaram a brilhar. Eles se descolorirão num arco-íris de tons pastéis e acabarão se tornando pura luz branca. Quando essas mudanças acontecerem, o processo evolucionário ganhará ímpeto. Logo testemunharemos a aurora de um tipo diferente de humanidade; uma humanidade que lembra as suas raízes, a sua Fonte. Uma humanidade nascida da história sem fim e do futuro infinito. Nós conheceremos maneiras novas e empolgantes de perceber a realidade e de reconhecer a unidade dentro de nós mesmos, dentro das outras pessoas e dentro de todas as coisas.

À medida que o tempo passar, um número crescente de Crianças de Hoje assumirá cargos de responsabilidade como líderes que mudarão o mundo do ponto de vista social, político e tecnológico. As suas lições de grandiosidade incluirão a aceitação da perfeição e da inclusão incondicional, pelo benefício de todos. Logo, daqui a aproximadamente doze anos, haverá nova onda de crianças nascidas da Terra e mais além. Muitas delas chegarão ao nosso planeta plenamente realizadas, carregando lembranças de um tempo infinito, anterior à nossa história conhecida e muito adiante no futuro. Elas usarão essas lembranças e seu vasto conhecimento em prol de todos com quem cruzarem e de todos os lugares que receberem a graça da sua presença.

As Crianças de Hoje apresentarão ao mundo talentos que não somos capazes nem sequer de compreender agora. Elas serão crianças da luz branca, carregando todas as freqüências com harmoniosa perfeição, num espectro de luz perfeitamente equilibrado e oriundo da fonte de todas as coisas. O campo energético dessas crianças espiralará, reinventando a si mesmo constantemente em todos os momentos. Elas serão telepatas talentosos, médiuns, agentes de cura, professores e líderes espirituais – muito antes de saberem falar. A mera presença delas mudará para sempre a vida daqueles à sua volta. As crianças da luz branca aceitarão plenamente os seus dons, usando-os instintivamente e sem hesitação. Elas serão criaturas mágicas – sábios que sairão da vasta realidade e entrarão neste mundo como Mestres atemporais. Trarão para nós exemplos da existência maior e demonstrarão o que sempre existiu e o que pode existir no nosso mundo novamente – se ao menos abrirmos o coração e nos lembrarmos de que *somos todos um e o amor é tudo o que existe*.

Acima de tudo, temos de continuar levando a sério as Crianças de Hoje. À medida que a nossa evolução continua por meio dos nossos filhos, temos de fazer alguma coisa para mudar os nossos ambientes, escolas, lares e relacionamentos. Temos de nos lembrar de manter a flexibilidade; com essas crianças, qualquer coisa é possível! As Crianças de Hoje são aquelas que estão precisando da nossa ajuda agora. Enquanto aprendemos a apoiá-las, estamos aprendendo a apoiar a nós mesmos e a nos preparar para a próxima onda mágica de futuras gerações.

Como disse o meu amigo Nicholas, temos de ouvir profundamente as nossas crianças. Ainda há tempo. Agora é o momento perfeito para começar.

Apêndice

Mais informações sobre as Crianças de Hoje

A seguir, apresento uma lista de websites, livros e filmes que oferecem uma série de informações sobre as Crianças de Hoje. Tenha, por gentileza, em mente que não se trata de recomendações, pois eu não vi nem li todos eles. A maioria me foi recomendada por pais, professores e profissionais que trabalham com crianças com dons especiais. Eles servem como instrumentos opcionais para aprendermos sobre elas. Como todas as informações à disposição do público, é preciso usar o bom senso na hora de selecioná-las.

Websites sobre as Crianças Índigo

- *www.indigochild.com*
- *www.artakiane.com/home.htm*
  (O site de Akiane, criança prodígio da arte e da alma.)
- *www.greatdreams.com/indigo.htm*
- *www.indigochild.net/a_homeframe.htm*
  (Site internacional)
- *www.childrenofthenewearth.com*
  (O site da revista de mesmo nome, que dá informações sobre como criar Crianças Índigo e Crianças Cristalinas.)
- *www.indigochildren.meetup.com*
  (Oferece informações sobre grupos de pais e filhos por região.)
- *www.experiencefestival.com/indigo_children*
  (Tem links para outros recursos.)
- *www.starchild.co.za/articles.html*
  (Tem muitos links para outros artigos e sites sobre Crianças Cristalinas e Índigo.)

Websites sobre as Crianças Cristalinas

- *www.spiritlite.com*
  (Website da autora.)
- *www.childrenofthenewearth.com*
- *www.nicholas.citymax.com/indigo_nicholas*
  (O website de Nicholas.)
- *www.thecrystalchildren.com*
- *web.mac.com/LorrinsWorld*
  (Website de Lorrin.)
- *www.lightworker.com/beacons/101502AwakeningCrystalChildren*
  (Traz canalizações de Steve Rother, publicadas também no Sedona Journal of Emergence.)
- *www.metagifted.org/topics/metagifted/crystalChildren*

(Site com informações gerais e links para muitos outros.)

- *www. experiencefestival.com/Crystal_Children*
  (Tem vários links para outros recursos.)
- *www.enchantedlearning.com/Home*
- *www.learnnc.org/index.nsf*
- *www.ket.org/cgi-plex/watchseries.pl?&id=AJONO*
- *www.learner.org/jnorth*
- *www.childrenofthenewearth.com/infoforteachers/index*
- *www.theindigoevolution.com*
- *www.cosmikids.org*
- *www.childrenlights.com*
- *www.planetlightworker.com*

Leituras adicionais

- *Attention-Deficit Disorder: Natural Alternatives to Drug Therapy* (Natural Health Guide) de Nancy L. Morse
- *ADD: The Natural Approach,* de Nina Anderson e Howard Peiper *(também à venda em fita cassete)*
- *Without Ritalin: A Natural Approach to ADD,* de Samuel A. Berne
- *Natural Treatments for ADD and Hyperactivity,* de Skye Weintraub
- *Bach Flower Remedies for Children: A Parent's Guide,* de Barbara Mazzarella
- *The Essential Flower Essence Handbook,* de Lila Devi
  (Mostra como usar essências florais para estabelecer o equilíbrio emocional e dar apoio a crianças e adolescentes.)
- *Beyond the Indigo Children: the New Children and the Coming of the Fifth World,* de P.M.H. Atwater
- *Indigo Children,* de Lee Carroll e Jan Tober
- *Indigo Celebration,* de Lee Carroll
- *Creative Activities for Young Children,* de Mary Mayesky
- *The Secret Spiritual World of Children,* de Tobin Hart, Ph.D.

- *Raising Your Spirited Child: A Guide for Parents Whose Child is More Intense, Sensitive, Perceptive, Persistent and Energetic*, de Mary Sheedy Kurcinka
- *Raising Psychic Children: Messages from "Thomas"*, de James F. Twyman
- *Emissary of Love*, de James Twyman
  (Visite o seu website no www.emissaryoflight.com, ou escreva-lhe um e-mail em inglês para james@emissarybooks.com)

Livros para crianças

- *Full Moon Stories – Thirteen Native American Legends*, de Eagle Walking Turtle Arrow: *A Pueblo Indian Tale*, de Gerald McDermott
- *Place of Power*, de Michael deMunn
  (Ensina sobre a santidade dos lugares sagrados e das próprias crianças.)
- *Native Plant Stories*, de Joseph Bruchac
  (Ensina a "ouvir as plantas" e a receber o remédio delas.)
- *The Sacred Tree*, de Four World Development Project
  (Ensina sobre os dons das Quatro Direções.)
- *The Little Soul and the Sun*, de Neale Donald Walsh
  (Ensina as crianças sobre a verdadeira origem da alma.)
- *SunDancer Speaks of Life, Death and Freedom: We Are the Generators of the Myths, Stories and Legends of a Future Age*, de Edward Hays
- *Hope for the Flowers: A Tale Partly About Life, Partly about Revolution and Lots of Hope for Adults and Others* (Including Caterpillars Who Can Read), de Trina Paulus
- *Special Gifts: In Search of Love and Honor*, de Dennis L. Olson
  (Um conto encantador sobre o Criador em busca de conselhos dos animais.)
- *The Children's Book of Virtues*, de William J. Bennett

- *Children of the Sun: A Spiritual Journey Using Story and Songs*, de Laurel Savoie e Emery Bear (inclui CD)

Filme

- *The Indigo Evolution*, de James Twyman, Stephen Simon, Kent Romney e Doreen Virtue

Outros *links* valiosos

- *www.healingarts.org/children/holmes.htm#exam*
  (Site do dr. Amy S. Holmes, que oferece opções para o tratamento do autismo.)
- *www.cem.msu.edu/~cem181h/projects/97/mercury/#anchor233568*
  (Site de Andrew Volz, Jake Weaver e Dean Shooltz que debate a toxicidade do mercúrio para o cérebro humano.)
- *www.academy.d20.co.edu/kadets/lundberg/dna*
  (Mostra figuras do DNA humano.)
- *articles.news.aol.com/news/article*
  (Oferece mais informações sobre a nutrição do DNA.)
- *www.drboylan.com*
  (Site de Richard Boylan; ver também os 42 sinais de que a criança é uma Criança das Estrelas em *www.drboylan.com/strkidsigns.*)